GEWIDMET DER LIEBE

»*Auf den taunassen Mohnfeldern des Hochplateaus
begann der Morgen. Als Wind aufkam, breitete
Hypnos, nackt und Mohnblüten im Haar, seine Arme
aus. Auf sein Zeichen hin reiften die Samen, fielen
in die Hohlräume der Kapseln, rasselten, rasselten,
rasselten dort, als stärker wurde der Wind.
Der Regen fiel so zart, dass er unsichtbar war.
Er umfing den Mohn, umfing die Haut, doch kein
Tropfen war zu sehen, Himmel, samtenes Nass.
Leichtfüßig kam Pythia herab, schloss Hypnos die
Lider und hauchte warm in sein Ohr: ›Ich gestatte
dir, nicht zu wissen. Freue dich. Freue dich sehr. Oder
stirb vor Qual.‹ Sanft zwang sie ihn zu Boden, öffnete
anmutig ihre Lippen, drückte Hypnos' Lenden tief in
den Lehm. Er wagte nicht zu fragen, nahm lusttrunken
hin, was war. Sie liebte sich, indem sie ihn liebte, rührte
den Boden, küsste, küsste, küsste ihn, führte Hypnos'
Hände an ihre Brust, Mohnblüten trug er im Haar.
Pythia rief, rief in den Himmel, und dann fiel der
Regen, wie stark. Er fuhr herab, peitschte den Boden,
umfloss die Erde und sickerte ein. Und Pythia hieß ihre
Kinder Menschen, gezeugt in Sehnsucht und Traum.*«

(aus: Thomas Sautner: Das Mädchen an der Grenze)

Inhaltsverzeichnis

Sex, der Zauber des Alltags

Sex ist der Zauber des Alltags. Mythenumwoben und doch allen vertraut. In den Himmel gehoben und doch menschlich. Freizügig diskutiert und doch kaum besprochen. Viele von uns wünschen sich ein erfüllendes Sexleben. Den Statistiken zufolge aber haben das die meisten nicht. Obwohl in der Öffentlichkeit und den Medien bereits seit Jahrzehnten so freizügig wie nie zuvor mit Sexualität umgegangen wird, sind viele Menschen, wenn es um ihre eigene Sexualität geht, immer noch sehr zurückhaltend. Sie sprechen einfach nicht mit ihrem Partner darüber, was sie sich beim Sex wünschen und was ihnen guttut. Und einige unter ihnen wissen selbst nicht, was sie sich wünschen und was ihnen guttut.

Sex ist ein spannendes Thema. Es berührt uns wohl alle. Wenn wir das Thema einmal unvoreingenommen betrachten, gibt es drei Gründe für Sex:
- Fortpflanzung
- Lust
- Liebe

In dem Zitat des Schriftstellers Thomas Sautner, das ich diesem Buch vorangestellt habe, werden alle drei Komponenten gleichermaßen angesprochen. Der Idealfall? Vielleicht. Auch wenn der Fortpflanzungs-Aspekt in den allermeisten sexuellen Begegnungen in den Hintergrund tritt. Wenn sich aber Lust und Liebe vereinen, kann das eine wunderschöne Sache sein.

Zauber hat mit Magie zu tun. Und Sex kann magisch werden. Dann, wenn er bis ins Innerste berührt. Mit Sex zu berühren oder sich selbst von Sex berühren zu lassen, ist etwas zutiefst Intimes und Erfüllendes und geht weit über die körperliche Berührung hinaus. Diese Kunst der Berührung hängt eng mit der eigenen Persönlichkeit zusammen. Wie wir unsere Sexualität leben, wie selbstbewusst und selbstbestimmt wir dabei sind, aber auch wie weit wir uns emotional öffnen, entscheidet wesentlich, ob Sex banal ist oder fundamental; ob er uns bloß befriedigt, wenn überhaupt, oder uns mit dem Partner reifen lässt und vielleicht gar in spirituelle Dimensionen hineinreicht. Zu diesem und noch vielen anderen Themen können Sie sich in diesem Buch näherkommen.

In diesem Buch dreht sich alles um Sex

In diesem Buch dreht sich alles um Sex und um Sexualität. Um Sie als sexuelles Wesen, um Ihre sexuellen Erfahrungen, Ihre sexuellen Einstellungen, Ihre sexuellen Wünsche und Fantasien und noch um vieles, vieles mehr. Sie erhalten verschiedene Anregungen zu schriftlichen Reflexionen und zu kreativen Schreibaufgaben. Sie finden darin Theoretisches aus der Sexualtherapie ebenso wie literarische oder private Beispieltexte. Das Buch bedient sich der Poesietherapie, um die theoretischen Inhalte anschaulicher darzustellen. Beispielhafte literarische und private Texte vermitteln ein anderes Verständnis und eine andere Identifikation mit Themen, machen sie verständlicher. Sogar auf Witze treffen Sie hin und wieder – obwohl Witze stark mit Klischees arbeiten. Schließlich ist Sex, selbst wenn wir ernsthaft darüber nachdenken, keine todernste Angelegenheit. Wie sagte schon die

Frauenärztin, Sexualberaterin und Kabarettistin Alexandra Meixner so schön:»Sex ist ernst genug, um darüber zu lachen.« Also, es darf nachgedacht, erfunden, fantasiert, gelacht, geweint – und auch gestöhnt – werden.

Wenn Sie sich dieses Buch lesen, besorgen Sie sich auch gleich ein besonderes Notizbuch, denn Sie werden viel schreiben. Dies wird Ihr geheimes und persönliches »Buch vom Sex«. Und mit jedem Text, der Ihr Notizbuch Seite für Seite lebendiger macht und es füllt, wird es auch *in Ihnen* lebendiger und voller. Warum schreiben? Dazu lesen Sie weiter unten noch ausführlich. Wenn Sie mit diesem Buch arbeiten, dann wäre das Ziel, dass Sie sich durch die Schreibübungen besser kennenlernen und näherkommen, bei allgemeinen Themen zu ihrer Persönlichkeit, aber auch bei den speziellen sexuellen.

Gönnen Sie sich die Zeit! Sie werden keine Minute bereuen.

Mein Anliegen mit diesem Buch ist es, Ihnen die vielfältigen Zusammenhänge unserer Persönlichkeit mit unserer Sexualität und die daraus entstehende Möglichkeit zu persönlicher Veränderung und schließlich zu erfüllender Sexualität aufzuzeigen. Wichtig dabei ist mir, Sie in das Zusammenspiel von Persönlichkeit und Sexualität einzuführen, Ihnen im Groben darzulegen, welche Auswirkungen und Wechselwirkungen die verschiedenen Komponenten haben, um Sie aufbauend auf dieser Information anzuregen, über sich selbst zu reflektieren. Die Anregung zur eigenen Reflexion ist mein Hauptanliegen. Denn theoretische Inhalte werden Sie niemals so tief bewegen wie die eigene und ehrliche Auseinandersetzung mit einem Thema. Daher geht es mir auch nicht darum, die theoretischen Informationen zu den jeweiligen Kapiteln erschöpfend darzustellen, sie dienen bloß als kleiner Input; viel wichtiger ist es mir, Ihnen über die Schreibanregungen verschiedene Zugänge zu sich selbst und zu Ihrer eigenen Sexualität zu ermöglichen.

Zu den einzelnen Aspekten erfüllender Sexualität gibt es zunächst jeweils kurze themenbezogene Inputs, die als Anregung für die darauffolgenden Schreibaufgaben dienen. Schritt für Schritt eröffnet sich Ihnen auf diese Weise eine neue Perspektive auf Sexualität. Dieses Buch ist aber kein Sexualratgeber, Sie werden darin keine Tricks oder »Stellungen« finden, es ist auch kein Ratgeber für das literarische Schreiben von Sex-Szenen, sondern eine fundierte Anleitung, sich schreibend und sehr persönlich mit Ihrer Sexualität auseinanderzusetzen.

Die sexuelle Energie ist eine wichtige Lebensenergie – und sie wurde auch bei mir durch das Arbeiten an diesem Buch intensiv aktiviert. Lassen Sie sich darauf ein, »schamlos« zu schreiben.

Auf eines möchte ich Sie an dieser Stelle vorbereiten: Die Arbeit mit sich selbst kann anstrengend und fordernd sein, sie ist nicht planbar. Vielleicht tauchen Gefühle bei Ihnen auf, mit denen Sie schwer umgehen können. Es mag hilfreich sein, in diesem Fall mit den Übungen zu pausieren und eventuell das Gespräch mit einem Therapeuten oder einer Therapeutin zu suchen.

Zwei wichtige Gründe haben mich zu diesem Buch bewegt: Zum einen sind das Schreiben und Lesen von klein auf zwei meiner großen Leidenschaften, die ich zum Glück sogar beruflich leben kann. Mein ganzes Leben habe ich mit Schreiben mein Geld verdient, als Werbetexterin, Redakteurin, Autorin, und vor einigen Jahren dann mein Berufsfeld erweitert und begonnen, nach diversen Ausbildungen, Kurse zu kreativem Schreiben anzubieten. Das ist ein weites Feld, vom therapeutischen Schreiben bis hin zum literarischen Schreiben. Es gibt viele Gründe zu schreiben – dazu später mehr. Aber einer liegt mit Sicherheit in der Möglichkeit, durch das Schreiben neue Zugänge zu sich selbst zu finden und neue Seiten zu entdecken bzw. aufzudecken. Und das ist der Kern, dem dieses Buch zugrunde liegt und der dieses Buch zusammenhält. Mir ging es nicht um die »Theorie«, nicht darum, Ihnen Sexualität zu »erklären«, sondern ausschließlich um die Anregung zur Auseinandersetzung mit sich selbst.

Zum anderen: das Thema Sexualität an sich. Es gibt wohl kaum ein Thema, das uns tiefer berührt als Sexualität. Sobald es um Sexualität geht, stehen wir schnell ziemlich nackt da. Diese Nacktheit aber macht uns verletzlich, weshalb viele dazu neigen, diese Nacktheit und auch diese Intimität, die entstehen kann, zu kaschieren und vielleicht mit Stellungen, Techniken, Leistungen, billigen Reizen usw. zu überspielen. Vordergründig geht es dann um etwas anders, weniger um die eigene Person, weniger um das eigene Gefühl, weniger um die partnerschaftliche Intimität, weniger um den Austausch zwischen zwei Menschen in Liebe, sondern manchmal einfach um eine gute sexuelle Leistung. Ich bin Mutter von drei Kindern und will nicht, dass meine Kinder mit einem solchen Bild von Sex aufwachsen. Aber dieses Bild wird großteils vermittelt. Sex ist demnach etwas, das auf eine gewisse Art und Weise zu funktionieren hat. Und tatsächlich fällt es vielen Menschen leichter, über Stellungen zu reden als über persönliche Gefühle. Denn genau darum geht es meinem Empfinden nach beim Sex vor allem: nicht darum, etwas können zu müssen, sondern etwas fühlen zu können. *Das* ist eine Kompetenz, die wir uns aneignen können und die gar nicht so selbstverständlich ist, wie sie klingt. Eine Kompetenz, die mit Reife zu tun hat. Wobei Reife nicht immer und automatisch erst mit dem Alter kommen muss. Sie ist vielmehr ein lebenslang währender Prozess und Fragen, wie sie durch dieses Buch angeregt werden, können eine solche Entwicklung unterstützen. Vielleicht also ist Ihnen dieses Buch eine kleine Hilfe dabei, möglichst früh damit zu beginnen, reif zu werden.

Ich habe von mir gedacht, ich wäre reif genug für eine erfüllende Sexualität. Mit dieser Überzeugung bin ich schließlich an dieses Buch herangegangen. Aber – ich war dann doch sehr erstaunt über mich. Ich bin seit einigen Jahren geschieden und lebte, als ich dieses Buch zu schreiben begonnen hatte, alleine, ohne Partner, allerdings mit der Sehnsucht nach einem Partner. Und vielleicht war das Schreiben an diesem Buch eine Art Ersatzhandlung für mich. Davor führte ich eine mehr als 20-jährige vertrauensvolle Beziehung, in der wir offen mit unseren Gefühlen und dem Thema Sexualität umgegangen sind. Deshalb war ich lange Zeit der Meinung, »über den Dingen« zu stehen. Dann aber begann das große Staunen. Ich musste erkennen, dass ich bei weitem nicht so »souverän« war wie angenommen. Einen Großteil der in diesem Buch angeregten Übungen führte ich selbst durch und bemerkte dabei, dass viele Antworten, die sich dabei ergaben, in keiner Weise selbstverständlich waren. Neue Erfahrungen bereicherten zudem mein Leben. Ich lebe mittlerweile wieder in einer sehr schönen und besonderen Beziehung, deren Anfang in die Endphase der Arbeiten zu diesem Buch fielen. Und: Wow! Ich spürte plötzlich selbst wieder sehr, sehr deutlich, wie schwierig das alles ist, wovon ich hier so leicht geschrieben habe! Wie viel Mut es braucht, über die eigenen Gefühle zu sprechen; wie viel Mut es braucht, sich zu zeigen; wie viel Mut es braucht, über sexuelle Wünsche zu reden; wie viel Mut es braucht, zu sagen, was einem guttut und was weniger; wie viel Mut es braucht, sich ganz und gar selbst zu lieben; wie viel Mut es braucht, sich von einer geliebten Person »öffnen« zu lassen, seine Hüllen fallen zu lassen und auch alte Verletzungen zu spüren! Noch jetzt bekomme ich Herzklopfen, wenn ich daran denke.

Daher möchte ich Ihnen gratulieren! Dass Sie so mutig sind und sich mit Ihnen und Ihrer Sexualität auseinandersetzen. Ich kann Ihnen versprechen, dieses Vorhaben wird Wirkung zeigen!

Der liebe Sex

»Oh, wie er mich ansieht! Das erregt mich.«, »Nicht schon wieder!«, »Jetzt habe ich aber wirklich Wichtigeres zu tun!«, »Wann haben wir endlich wieder Zeit zu zweit?« An Sex zu denken, kann bei manchen lustvolles Prickeln hervorrufen, bei anderen womöglich ein genervtes Kopfschütteln, Sex kann anregend sein, genussvoll, nervig, langweilig oder gar lästig. Immer aber sind ausschließlich wir selbst für unsere gelebte Sexualität verantwortlich. Niemand sonst. Und schon gar nicht der Partner oder die Partnerin. Die eigene Sexualität ist ein lebenslanger Entwicklungsprozess. Die allermeisten Menschen allerdings eignen sich ihre sexuellen Praktiken im jungen Erwachsenenalter an und leben ihre Sexualität dann ein Leben lang auf diesem Entwicklungsstand, nach dem Motto: »Sex kann jeder.« Und ja, Sexualität ist tatsächlich ein naturgegebenes Phänomen und jeder Mensch ist ein sexuelles Wesen. Was wir aber damit machen, hängt von uns persönlich ab.

An dieser Stelle seien zwei Begriffe voneinander abgegrenzt: Sexualität und Sex.

»Sexualität« leitet sich vom lateinischen Wort »sexus«, das »Geschlecht«, ab. Sexualität bedeutet demnach »Geschlechtlichkeit«. Im engeren Sinne meint Sexualität die Gegebenheit von zwei verschiedenen Geschlechtern, die zur Fortpflanzung fähig sind. Im weiteren Sinne, wie die Sexualwissenschaft den Begriff verwendet, und wie auch ich ihn verstehe, meint Sexualität die Gesamtheit von Lebensäußerungen, Verhaltensweisen, Empfindungen und Interaktionen von Menschen in Bezug auf ihr Geschlecht. Die gelebte Sexualität bei Menschen ist kein reines Instinktverhalten, sondern setzt bewusste Entscheidungen voraus. Wir sind keine ausschließlich triebgesteuerten Wesen und fallen daher auch nicht an Ort und Stelle übereinander her, sondern handeln rational und emotional, meist entscheiden wir in Bruchteilen von Sekunden und oft unbewusst, ob wir Sex haben wollen und wie, ob wir hier und jetzt oder lieber später möchten, ob mit dieser Person oder mit einer anderen etc. Die gelebte Sexualität beeinflusst außerdem die Psyche, die persönliche Entwicklung und die Form des Zusammenlebens. Sexualität ist weder als rein biologisches noch als rein psychisches Geschehen zu betrachten. Für sexuelle Erlebnis- und Funktionsfähigkeit sind anatomische, genetische, physiologische, hormonelle und biochemische Grundlagen ebenso bedeutsam wie Gefühle, Fantasien, Erinnerungen und Kognitionen, so der Psychologe Bernd Strauß. Ob ich Sex in diesem Moment leben will oder kann, hängt also von verschiedenen Faktoren ab, zum Beispiel: fühle ich mich sexuell attraktiv, bin ich womöglich körperlich gerade eingeschränkt, eventuell aufgrund einer Krankheit oder einer Verletzung, stehe ich zeitlich unter Druck, bin ich von meiner Disposition grundsätzlich eher eine sexuell aktive oder eher eine daran weniger interessierte Person etc.

Zusammengefasst ist Sexualität ein Kontinuum an Verhaltensweisen und Erlebnismustern, an Gefühlen, Wünschen und Bedürfnissen des Menschen in Bezug auf seine Geschlechtlichkeit. Und dieses Kontinuum spielt sich zwischen Erregung und Orgasmus ab. Dazu gehört der erotische Blick ebenso wie ein sinnlicher Gang, meine Einstellungen und Erfahrungen zum Thema oder meine aktuelle Befindlichkeit. Anders als beim Tier können wir diesen Weg zwischen Erregung und Orgasmus lustvoll, sinnlich und kreativ gestalten und den Genuss entsprechend verstärken.

»Sex« hingegen meint die konkrete sexuelle Betätigung, also die praktische Ausübung. Darin sind alle sexuellen Praktiken eingeschlossen, vom Zungenkuss über den Geschlechtsverkehr bis hin zur Selbstbefriedigung. Sex hat mehrere Funktionen: Er befriedigt die Libido, dient der Fortpflanzung und ist eine Form der sozialen Interaktion, indem durch Sex Gefühle der Zärtlichkeit, Zuneigung und Liebe Ausdruck finden können.

Der Begriff »Sexualität« ist demnach umfassender als der Begriff »Sex« und beinhaltet neben den konkreten sexuellen Handlungen etwa auch das persönliche Verhältnis zur eigenen Geschlechtlichkeit, zum Beispiel wie wohl man sich als Frau fühlt und wie selbstbewusst man diese Weiblichkeit lebt. Wir kommen als sexuelle Wesen zur Welt und unsere naturgegebene Sexualität stellt ein Potenzial dar, das jeder Mensch auf höchst unterschiedliche Weise entfaltet, brachliegen lässt oder laufend erweitert.

Sexualität ist ein facettenreiches Phänomen. Die einzelnen Facetten lassen sich schwer voneinander trennen und beeinflussen sich gegenseitig. Wenn wir uns im Moment aus verschiedenen Gründen unattraktiv finden, haben wir vielleicht wenig Lust auf Sex. Oder wenn wir eine Auseinandersetzung mit unserem Partner hatten, kann diese Stimmung unser Begehren beeinflussen. Sind wir zeitlich sehr unter Druck, so mögen andere Bedürfnisse im Vordergrund stehen. Daher ist auch die Gliederung in diesem Buch als eine pragmatische anzusehen. Ich habe, wie Sie sehen werden, erfüllende Sexualität an sechs Themen festgemacht. Diese Einteilung habe ich nicht willkürlich getroffen, sondern ich habe mich dabei an üblichen Kategorisierungen der Sexualwissenschaften orientiert. Dennoch stehen alle genannten Aspekte ununterbrochen in Wechselwirkungen zueinander und lassen sich in der Praxis nicht so einfach trennen wie in der Theorie, weshalb es im Buch da oder dort zu Wiederholungen kommt.

Es gibt ein festgeschriebenes Grundrecht auf selbstbestimmte Sexualität. In einer Deklaration der sexuellen Menschenrechte, die von der Internationalen Vereinigung für Sexuelle Gesundheit (World Association for Sexual Health – WAS) in den 1980er-Jahren zusammengestellt wurde, finden sich elf definierte sexuelle Menschenrechte. Zum Beispiel das Recht auf sexuelle Freiheit oder jenes auf sexuelle Lust. Zudem wird ausdrücklich darauf hingewiesen, dass die Anerkennung der sexuellen Lust als eine Komponente des Wohlbefindens zu sehen wäre. Ja, ich weiß, bloß weil es für dieses und jenes festgeschriebene Gesetze gibt, heißt das noch lange nicht, dass sie auch gelebt und eingehalten werden; es muss nicht einmal bedeuten, dass sie von einer Mehrheit als wichtig erachtet werden. Dennoch habe ich es interessant gefunden, dass es dieses festgeschriebene Grundrecht gibt. Und wie bei allem ist es auch hier so: Zuerst muss ein Bewusstsein für etwas vorhanden sein, danach kann sich eine Änderung vollziehen. Alle sexuellen Menschenrechte finden Sie übrigens auf *www.sexologie.orf/sexualrechte.htm*.

Ein Bewusstsein über diese Grundrechte sagt natürlich noch lange nichts darüber aus, wie erfüllend Sexualität in der Realität empfunden wird. Erfüllende Sexualität ist eng an persönliche Reifeprozesse gekoppelt. Viele Sexualtherapeutinnen sind der Ansicht, dass die gelebte Sexualität umso erfüllender werden könne, je älter man werde. Etwa in dem Sinne:»Guter Sex beginnt jenseits der 50.« Der amerikanische Psychologe und Sexualtherapeut David Schnarch prägte in Fachkreisen das berühmte Zitat:»Zwischen Zellulitis und leidenschaftlichem Sex besteht ein enger statistischer Zusammenhang.« Damit meint er, je reifer, selbstbestimmter und authentischer man sei, desto besser werde der Sex. Viele allerdings erreichen nach Schnarch dieses Niveau nie in ihrem Leben. Es braucht eben auch bei der»natürlichsten Sache der Welt« eine gezielte Weiterentwicklung. Um sich weiterzuentwickeln und eben jenes oben genannte»Kontinuum zwischen Erregung und Orgasmus« so lustvoll, sinnlich und kreativ wie möglich zu gestalten und den Genuss zu intensivieren, bedarf es einer ganzheitlichen Beschäftigung mit der eigenen Sexualität. Es bedarf einer bewussten Reflexion über sich selbst, über das eigene sexuelle Verhalten, über die gesammelten Erlebnisse, über Blockaden, Werte,

Vorstellungen, Ängste usw. Und genau um diese Reflexion geht es in diesem Buch.

Heilen durch Schreiben

Warum reicht es nicht, sich ein Buch über Sexualität zu kaufen und es aufmerksam zu lesen? Weil Lesen nicht dieselbe intensive Beschäftigung wie Schreiben ist. Schreiben ist ein Mittel, sich selbst besser zu verstehen, zu erkennen und sich selbst zu heilen.

Sich schreibend selbst zu reflektieren, hat eine lange Tradition. Wenn Schreiben als Mittel der Selbsterforschung eingesetzt wird sprechen wir auch von Poesietherapie. Sie begeben sich mit den Mitteln der Sprache auf den Weg zu sich selbst. Es gibt dabei viele Ähnlichkeiten zur Tiefenpsychologie. Vor allem drei Stadien spielen beim Schreiben eine wesentliche Rolle:

- *Erinnern*: Durch freie Assoziation holen wir möglichst viel »Material« aus unserem Unbewussten ins Bewusstsein und verarbeiten es in einem reflexiven oder kreativen Text. Verschiedene Techniken können hier unterstützend wirken, wie etwa Clustering oder automatisches Schreiben (die einzelnen Methoden finden Sie detailliert beschrieben im Anhang). So arbeiten wir beim Clustering zum Beispiel mit einem zentralen »Startbegriff«, kommen aber meist schnell von diesem Begriff weg und gelangen zu Themen, die wir ursprünglich gar nicht damit verbunden hätten. Angenommen das Ausgangswort ist »Spiel« und ich erinnere mich an Spiele in meiner Kindheit, mit meinen Eltern, in der Schule etc. und plötzlich auch an einen Streit mit meiner Freundin aus Kindheitstagen, den ich längst »vergessen« habe.

- *Wiederholen:* Mit dem Schreiben halten wir Lebensthemen und Probleme fest und das aus einer neuen Perspektive und gleichzeitig mit einer gewissen Distanz. In dieser Wiederholung sind Reflexion und Deutung möglich. Angenommen, Sie schreiben über ein Ereignis in Ihrer Jugend, das Sie damals belastet hat. Sie tauchen also noch einmal ein. Heute, mit eben jenem zeitlichen Abstand, aber auch mit einem vermutlich reiferen Erkenntnisstand, beurteilen und deuten Sie dieses Ereignis anders, sehen möglicherweise Parallelen zu ähnlichen Situationen und können es in Ihre Gesamt-Biografie einordnen.

- *Durcharbeiten:* Die schriftliche oder gar literarische Verarbeitung kommt einer Konfliktbearbeitung auf metaphorischer Ebene gleich. Selbst negative Erfahrungen, Gefühle und Zustände werden so in unsere Persönlichkeit integriert und verinnerlicht – das Fundament jeder Selbsterfahrung. So entsteht etwa durch verschiedene Schreibmethoden, wie automatisches Schreiben oder Clustering, reichhaltiges Textmaterial, das Sie im Anschluss vielleicht überarbeiten oder literarisch vertiefen möchten, etwa mit einem Gedicht und sich dabei einer bildhaft verdichteten Sprache bedienen oder mit einem Märchen, um ein Lebensthema auf symbolischer Ebene zu betrachten. Alleine durch diesen Schritt der neuerlichen Bearbeitung können sich weitere Erkenntnisse oder Zusammenhänge auftun.

Wir führen beim Schreiben mit unserem Unterbewusstsein einen erweiterten Dialog. Der große Unterschied zum reinen »Denken« ist dabei folgender: Während wir viele Themen, Aspekte und Probleme permanent in unserem Kopf herumwälzen, ohne konkret zu werden, müssen wir beim Schreiben auf den Punkt kommen. Die immer gleichen Gedanken bewegen uns nicht in einer Endlosschleife, sondern wir müssen uns durch das Schreiben festlegen. Wir bringen etwas in Ordnung. Vorher oft »unfassbare« Gedanken bekommen nun eine Form, werden durch das schriftliche Festhalten zwangsläufig präziser, dadurch »begreifbar«, mitunter durch Symbole, Metaphern, sprachliche Feinheiten verdichtet und erscheinen plötzlich zusammenhängend. Schreiben stiftet Sinn und fördert die Selbsterkenntnis. Angenommen, Sie überlegen, was »Liebe« für Sie bedeutet. Vielleicht kommen Ihnen spontan Assoziationen wie »Treue«, »Zugehörigkeit«, »starke Gefühle«, »Opfer«, »wohlwollendes Verhalten«, »Geborgenheit«, »bedingungslos« und viele mehr. Wenn Sie so dasitzen und solche Gedanken dazu auftauchen, schwirren die vielen Begriffe wie wild durch Ihren Kopf. Oft ist das Thema damit auch schon erledigt. Das also verbinden Sie mit Liebe. Ein vielseitiges Phänomen, mögen Sie vielleicht denken. Wenn Sie sich aber hinsetzen und all diese Begriffe aufschreiben, bekommen Sie sofort einen Überblick darüber, sehen mit anderen Augen darauf, beginnen vielleicht zu gruppieren, einen Überbegriff da und dort zu finden, konkreter zu werden, möglicherweise ein »Bild« dafür zu finden, wie etwa das eines schützenden Mantels, der sich über alles legt, oder eines ständig lodernden Feuers. Daraufhin kann es sein, dass sich plötzlich ein schöner Satz in Ihnen bildet. Einer, der noch viel mehr aussagt als all die Begriffe zusammen, der nun auf einmal *Ihre* persönliche Definition von »Liebe« ist. Auch wenn ich da jetzt ein sehr oberflächliches und allgemein gehaltenes Beispiel gegeben habe, so veranschaulicht es dennoch, dass wir beim Schreiben in einen anderen Prozess hineinkommen, der uns drängt, konkreter zu werden und der manches klarer erscheinen lässt.

Der Prozess des Schreibens, gerade über Themen und Gefühle, die nicht »gesellschaftsfähig« sind, kann ein Gefühlschaos entwirren und uns der eigenen Person näherbringen. Zudem blicken wir beim Schreiben nicht nur in die Vergangenheit, sondern richten unsere Wahrnehmung auch neu aus. Wir kommen uns selbst auf die Spur, erkennen eigene Muster und Automatismen, suchen und erproben dabei eben neue Möglichkeiten. Schreiben ist stets zukunftsgerichtet! Bei vielen Texten, ob beim autobiografischen oder fiktiven Schreiben, imaginieren wir eine bessere Welt. Und bei manchem davon wünschen wir uns sogar, dass genau dies in Wirklichkeit passiert. Sobald diese Fantasie nun niedergeschrieben wurde, ist sie in der Welt und der tatsächlichen Realisierung einen Schritt näher.

Ein weiterer Aspekt beim Schreiben ist, dass wir langsamer werden, dass wir die Aufmerksamkeit auf die eigene Mitte legen und dabei lernen, selbst feinste Regungen aus unserem Inneren wahrzunehmen: momentane Empfindungen, leise Gefühle, körperliche Regungen. Es ist ein Akt der Echtheit, Wertschätzung und Empathie, wenn wir uns diese Zeit gönnen.

Schreiben wirkt zudem ganzheitlich. Es gibt viele Studien, die nachweisen, wie sich Schreiben auf unsere körperliche und seelische Gesundheit auswirkt. So gehört Schreiben zu jenen Aktivitäten, die »Flow«-Zustände auslösen. Wer im »Flow« ist, vergisst die Zeit, ist im Hier und Jetzt, empfindet Glück und heitere Gelassenheit bis hin zu rauschvollen Zuständen und wird insgesamt zufriedener. Das expressive Schreiben des Psychologieprofessors James Pennebaker, entwickelt zur Steigerung der Resilienz und zur Bewältigung von Belastungen, wurde mehrfach erforscht und ist das wissenschaftlich am besten untersuchte Verfahren innerhalb der Poesietherapie. 2006 gab es bereits über 150 Studien dazu. Dabei mussten die Versuchspersonen an mindestens drei oder vier aufeinanderfolgenden Tagen jeweils 15 bis 20 Minuten über ein belastendes Ereignis schreiben; die Kontrollgruppe schrieb über ein belangloses Thema. Schon diese kleine therapeutische Intervention brachte überraschende Ergebnisse. Hier einige ausgewählte: weniger Arztbesuche, besseres Immunsystem, blutdrucksenkende Wirkung, Verbesserung der

Lungenfunktion, verbessertes psychisches Wohlbefinden, Abnahme depressiver Symptome, weniger Fehltage bei der Arbeit, bessere Studienleistungen. Auch wenn sich die Studienergebnisse in den Details etwas unterscheiden, so bestätigen sie dennoch den Trend, dass sich expressives Schreiben positiv auf die psychische und physische Gesundheit auswirkt. Als möglicher Erklärungsansatz für die Wirkungsweise gelten einerseits die emotionale Öffnung und damit einhergehend eine Zunahme von positiven Affekten sowie eine Abnahme der negativen, andererseits die geistige Auseinandersetzung mit dem belastenden Thema, was dazu führt, dass das negativ Erfahrene besser verarbeitet wird und das Unterdrückte, Belastende daher weniger als Stressor wirkt. Ich möchte aber betonen, dass ich im Zusammenhang mit den verschiedensten Studien, die die ganzheitliche gesundheitliche Verbesserung durch Schreiben untersuchen, immer wieder gelesen habe, dass es keine eindeutigen Zuschreibungen für die Wirksamkeit der Poesietherapie gibt, dass Schreiben vielmehr als komplexes Geschehen zu betrachten ist, das ganz unterschiedliche Faktoren beinhaltet.

» *Schreiben ist viel zu kostbar,*
um es nur den Profis zu überlassen.
(JÜRGEN VOM SCHEIDT)

Nehmen Sie sich Zeit!

Wenn Sie sich die Zeit nehmen, um für sich selbst zu schreiben, dann ist das jedes einzelne Mal ein Zeichen der Wertschätzung sich selbst gegenüber. Sie können diese Momente noch aufwerten, indem Sie sich einen schönen Ort dafür aussuchen oder sich zu Hause einen einladenden Platz herrichten, in ein besonderes Notizbuch schreiben, vielleicht eine Kerze anzünden, eventuell vorab einige entspannende Atemzüge machen und sich eventuell dazu eine spezielle Mischung aus ätherischen Ölen in eine Duftlampe geben. Eine inspirierende Mischung wäre folgende; diese Mischung öffnet das Herz und inspiriert den Geist:

In 100 ml Basisöl (zum Beispiel: Mandelöl): je 1 Tropfen Benzoe Siam, Tonka, Eisenkraut, Sandelholz, Weihrauch, Myrrhe

Sehen und feiern Sie Ihre Schreibmomente als heiliges Ritual!

Sie können dieses Buch verwenden, wie Sie wollen. Sie können vorne beginnen, was ich empfehle, Sie können aber genauso gut jene Kapitel heraussuchen, die Sie momentan am meisten interessieren und dort gleich mit den Übungen starten. Oft ist diese spontane Zuwendung zu bestimmten Inhalten ein Hinweis vom Unterbewusstsein, welche Themen in Ihrem Leben gerade relevant sind.

Sie können sich jeden Tag eine bestimmte Zeit für sich selbst reservieren und die Übungen in Ihrem persönlichen Tempo Schritt für Schritt durchgehen. Genauso gut aber ist es möglich, dass Sie sich ein Wochenende hinsetzen und »gierig« das ganze Buch auf einmal durcharbeiten wollen. Ich möchte aber anmerken, dass es immer seine Zeit braucht, um die neuen Erkenntnisse etwas wirken zu lassen und dann mit »neuem Wissenstand« weiterzuarbeiten. Also, ein bewusstes langsames Vorgehen ist gewiss von Vorteil. Ein Reifeprozess stellt sich nicht von heute auf morgen ein, auch wenn wir uns das noch so sehr wünschen. Zudem hat gemächliches Durcharbeiten den angenehmen Nebeneffekt, dass Sie sich oft und regelmäßig Zeit für sich selbst nehmen, für Ihre Gefühle, für Ihre Erfahrungen, für Ihre gesamte Entwicklung.

Manche Kapitel enthalten weniger Schreibanregungen,

andere mehr. Es gibt Übungen, die aufeinander aufbauen, meistens aber sind sie unabhängig voneinander. Es ist nicht notwendig, alle Übungen zu machen. Sie werden sehen, welche Sie jeweils am meisten ansprechen. Und vielleicht sind es auch alle.

All das ist Ihnen überlassen. Es gibt also keine Anleitung dafür, wie Sie dieses Buch angehen. Hauptsache: Sie beschäftigen sich mit Ihrer Sexualität und Ihrer Persönlichkeit.

Eines allerdings ist mir wichtig: Bei Reflexionstexten kommt es *nicht* darauf an, wie *gut* etwas geschrieben ist. Sogar die Grammatik und Rechtschreibung können Sie getrost vernachlässigen. Wichtig ist lediglich, was aus Ihrem Inneren herauskommt und niedergeschrieben werden möchte. Stellen Sie daher bitte keine diesbezüglichen Ansprüche an sich, sonst blockieren Sie sich womöglich. Und das wäre doch schade. Schreiben Sie einfach! Stil, Rechtschreibung oder Grammatik sind nebensächlich.

Es gibt in diesem Buch sehr wohl aber vereinzelt Hinweise zum Handwerk des Schreibens beziehungsweise zu einer bestimmten literarischen Form oder Technik. Wenn Sie also Ihre Reflexionen zusätzlich noch zu einem »schriftstellerischen« Text verarbeiten wollen, können Ihnen diese Hinweise nützlich sein. Schreiben macht schließlich in jeder Form Spaß – bloß in jener nicht, wenn wir zu hohe Ansprüche an uns selbst stellen.

Nun denn: Auf geht's!

Ich wünsche Ihnen viele erotische Momente und lustvolle Erkenntnisse!

Zum Aufwärmen – ein kleines Vorspiel

Starten wir ganz »unschuldig«. Mit einem schönen Vorspiel, das Sie langsam in Stimmung bringt. Bevor Sie sich eingehender mit dem Thema Sexualität beschäftigen und konkrete Reflexionsanregungen bekommen, lassen Sie die Gedanken dazu einmal frei schweifen.

Als allererste Schreibübung empfehle ich Ihnen daher einen Text »automatisch« zu schreiben (alle intuitiven Schreibtechniken beschreibe ich im Anhang genauer, siehe dazu »Automatisches Schreiben«, Seite 198). Dabei geht es darum, sich rund 15 Minuten Zeit zu nehmen und alles, wirklich alles, was in Ihrem Kopf zum Thema »Sexualität« auftaucht, niederzuschreiben. Wichtig dabei ist, den Stift nie abzusetzen. Wenn Ihnen also gerade nichts mehr dazu einfällt, dann schreiben Sie einfach »Jetzt fällt mir gerade nichts ein, jetzt fällt mir gerade nichts ein …«, so lange, bis Ihnen wieder etwas einfällt, bis wieder ein Gedanke kommt, mit dem Sie weiterschreiben. Gerade das Nicht-Nachdenken ist bei dieser Methode wichtig und regt Ihr Unterbewusstsein an.

Schreibanregung: Automatisches Schreiben – »Meine Gedanken zum Thema Sexualität«

Setzen Sie sich in aller Ruhe hin, nehmen einen Stift und Ihr Notizbuch zur Hand und denken Sie an das Thema »Sexualität«. Was kommt Ihnen in diesem Zusammenhang in den Sinn? Woran denken Sie? Vielleicht fallen Ihnen erste Liebesgefühle ein, vielleicht Doktorspiele aus der Kindheit, vielleicht bestimmte Ängste, vielleicht die letzte Liebesnacht, vielleicht das erste Mal. Was auch immer es ist, warten Sie auf den ersten Gedanken, den ersten Satz und schreiben Sie dann alles nieder.

Um Ihnen zu Beginn eine Inspiration zu geben: Ein erster Text kann zum Beispiel so beginnen: »Hm. Nun sitze ich hier und soll über Sex schreiben. Das ist ungewöhnlich. Auch fällt mir dazu gleich gar nichts ein. Obwohl, kürzlich habe ich etwas gelesen, das fand ich interessant …«

In diesem Text hat *alles* Platz. Wie Sie über Sexualität denken, welche Erfahrungen Sie gemacht haben, wie wichtig Ihnen Sex ist, was Sie sich wünschen, was Sie dabei zum Nachdenken anregt und noch viel mehr. Schreiben Sie 15 Minuten lang durch, ohne den Stift abzusetzen. Nach 15 Minuten hören Sie zu schreiben auf und lesen sich den Text nicht mehr durch.

Dieser Text wird Ihr allererster in Ihrem neuen Notizbuch sein. Wenn Sie eines Tages mit dem Buch »durch« sind, kann gerade dieser erste Text ein interessanter Hinweis darauf sein, welche Entwicklungsschritte Sie in der nächsten Zeit genommen haben werden.

Beginnen Sie nun! Haben Sie keine Hemmungen, offen und ehrlich drauflos zu schreiben und das weiße, leere Blatt mit Ihren Gedanken zum Thema Sexualität zu füllen. Es ist Ihr erster wichtiger Schritt!

Cluster zum Thema »Ich und Sexualität«
Ein Cluster ist ebenfalls eine Methode, das Unterbewusstsein anzuregen und dabei auf Aspekte zu stoßen, die Sie ursprünglich vielleicht gar nicht mit dem Thema verbunden hätten (siehe dazu »Clustering« im Kapitel »Intuitive und kreative Schreibtechniken, Seite 199). Da Sie sich beim automatischen Schreiben bereits frei und ungezwungen mit dem Thema beschäftigt haben, sind in Ihrem Bewusstsein vermutlich einige konkrete »Stichwörter« aufgetaucht. Diese können nun als erste Clusterwörter dienen, von denen Sie weiter abzweigen können. Machen Sie diese Übung so lange, bis Sie das Gefühl haben, das Thema für Sie erschöpfend abgebildet zu haben.

Wenn Sie möchten, können Sie mit einigen dieser Wörter nun einen freien Text dazu schreiben.

Und als Abschluss für das aufwärmende »Vorspiel« schlage ich vor, Sie schreiben ein Gedicht. Ein Gedicht über »Ich als Frau«. Machen Sie sich vorab ein paar Notizen. Zu Ihrer Weiblichkeit, zu Ihren Aufgaben, zu Ihren Wünschen, zu Ihren Sehnsüchten, zu Ihrer aktuellen Situation und zu allem, was Ihnen zu Ihrem Frau-Sein einfällt. Lassen Sie sich davontragen!

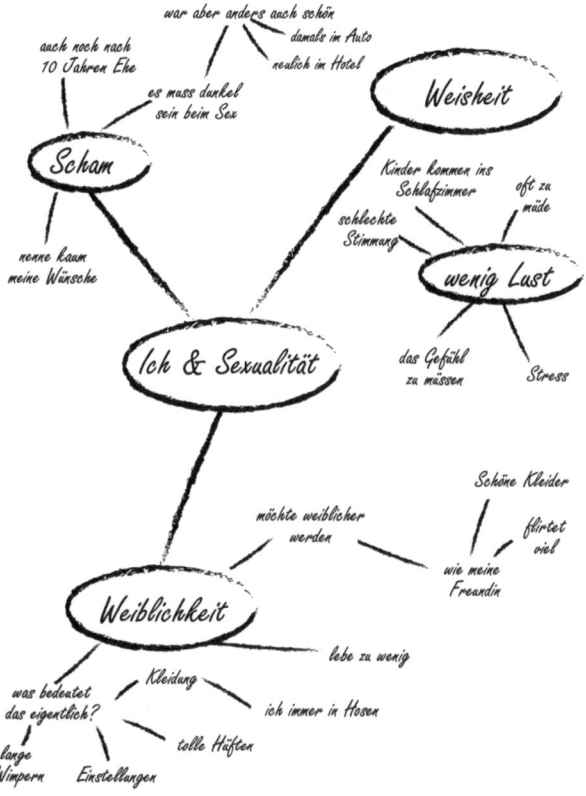

Ein Gedicht (siehe dazu Kapitel »Intuitive und kreative Schreibtechniken, Seite 200) muss sich nicht reimen! Ein Gedicht ist sehr subjektiv, arbeitet viel mit »Bildern«, ist in der Aussage oft sehr stark verdichtet und komprimiert und muss auch keine grammatikalisch korrekten oder ganze Sätze beinhalten. Doch stressen Sie sich nicht! Wenn Ihnen kein Gedicht einfällt, schreiben Sie einfach Ihre Gedanken zum Thema in einem »freien« Text nieder. Wichtig ist ja bloß, dass Sie sich Gedanken über Ihr Frausein und

Ihre Weiblichkeit machen und diese auch niederschreiben.

Sie haben soeben Ihre ersten Seiten beschrieben. Wie ist es Ihnen dabei ergangen? Vielleicht sind Sie es gewohnt, regelmäßig Tagebuch zu schreiben, dann vermute ich, dass dies eine leichte Übung für Sie war. Wenn Sie aber weniger Erfahrungen darin haben, eigene Gedanken und Gefühle niederzuschreiben, kann es schon als herausfordernd erlebt werden, noch dazu bei einem so speziellen Thema. Aber Sie werden sehen: Mit jeder Seite, die Sie schreiben, wird es leichter werden – selbst wenn die Fragestellungen manchmal sehr direkt und persönlich sein werden.

Erfüllende Sexualität – Sind Sie reif für Sex?

Klar, werden Sie antworten, blöde Frage! Aber so blöd ist die Frage nicht. Vielleicht aber sollte ich sie präzisieren: Sind Sie reif für erfüllenden Sex? Denn körperlich reif für Sex sind wir alle ab der Pubertät. Ob wir ein sexuelles Erlebnis aber auch in vollem Umfang als erfüllend erleben, hängt mitunter von der persönlichen Reife ab.

Der amerikanische Psychologe und Sexualtherapeut David Schnarch behauptet in seinem Standardwerk »Die Psychologie sexueller Leidenschaft«, dass die Sexualität ein wirksames Instrument der Selbsterkenntnis und der persönlichen Reifung sei. Wenn wir den Widersprüchen in unserer Sexualität auf den Grund gingen, würde sie zu einem wichtigen Werkzeug der Selbsterkenntnis und Weiterentwicklung. Unsere Sexualität stelle ein naturgegebenes Potenzial dar, das wir nur ausschöpfen können, wenn wir an uns arbeiten und reifen. Erfüllende Sexualität ist somit kein Geschenk, sondern bedeutet konsequente Arbeit an uns selbst.

>> *Die Behauptung: ›Wenn du zu erfahren bist oder zu viel weißt, bist du eine Nutte‹, hat für mich keine Gültigkeit mehr. Mir ist klar geworden, dass dies der Wahrheit absolut nicht entspricht. Sich seiner Sexualität und seines Ichs bewusst zu sein, ist gleichbedeutend mit Selbstbestimmung.*
(AUS: LOU PAGET, DIE PERFEKTE LIEBHABERIN)

Die »natürlichste Sache der Welt« ist ein komplexes Phänomen. Wäre es eine rein triebgesteuerte und biologische Handlung, wie viele noch immer behaupten, dann gäbe es vermutlich weder Scham noch Hemmung, weder Blockaden noch Lustkiller. Dann würden wir einfach, wie viele Tiere, »neutral« an Sex herangehen und uns immer dann hemmungslos lieben, wenn es darum geht, für Nachwuchs zu sorgen. So ist es aber nicht. In diesem biologisch orientierten Modell finden wir vielleicht sexuelle Befriedigung, aber keine Erfüllung. Zu einer erfüllenden Sexualität braucht es auch Sinnerleben und eine gewisse sexuelle Reife. Und dafür reichen die Genitalien nicht aus. Ist das wichtigste Sexualorgan des Menschen sein Gehirn, wie Schnarch behauptet? Die Wissenschaft geht heute sogar davon aus, dass unsere Haut und das Gehirn zwei gleich wichtige Sexualorgane sind. Dass das Gehirn nicht gerade das »einfachste« Organ ist, wissen wir aus eigener Erfahrung. Dort sind u.a. unsere Muster, Wertvorstellungen, Glaubenssätze etc. und Teile unserer Erfahrungen abgespeichert. Diese gespeicherten Inhalte beeinflussen bewusst und unbewusst unser Handeln. So kann etwa eine einzige negative Erfahrung oder ein einziger negativer Glaubenssatz wie »So etwas tut eine Frau nicht«

eine bestimmte sexuelle Situation im Keim ersticken. Angenommen, Sie sind mit Ihrem Partner bei Freunden zum Essen eingeladen. Plötzlich spüren Sie, wie Ihr Partner unter dem Tisch mit seinen Fingern ganz langsam Ihren Oberschenkel nach oben gleitet. Sie spüren Erregung, denken aber:»Nein, stopp, hier nicht, wenn das jemand sieht!«Sofort ebbt die Erregung ab. Dabei könnte dieses erotische Spiel doch eine besondere Spannung aufbauen und einen schönen Abend zuhause einleiten ...

Neben den Genitalien und dem Gehirn gibt es zudem noch Gefühle, die beim Sex meistens ordentlich mitmischen; und natürlich einen Partner oder eine Partnerin. All dies ist eng miteinander verbunden und beeinflusst sich gegenseitig.

Sexualwissenschaft – Können wir Sex lernen?

Stellen Sie sich vor, Sie könnten Sex einfach lernen wie verschiedene Tanzschritte, die Sie allein oder zu zweit ausüben können. Dabei würden Sie alles betrachten und üben, was dafür notwendig wäre, um ein für Sie optimales Ergebnis zu erzielen. Sie würden sich mit Ihrer Atmung, den Bewegungsabläufen, ihren Emotionen und vielem anderen beschäftigen. Genau davon geht auch der Sexualtherapeut Jean-Yves Desjardins bei seinem Konzept des»Sexocorporel« aus. Unter vielen verschiedenen sexualtherapeutischen Konzepten ist dies eines, das ich Ihnen etwas näher vorstellen möchte.

Dieses Modell geht von mehreren Annahmen aus, die für eine individuelle sexuelle Gesundheit und damit für eine erfüllende Sexualität wichtig sind:

Zum Beispiel wird zwischen explizitem und implizitem Körper unterschieden. Der explizite Körper umfasst alle beobachtbaren physiologischen Reaktionen wie Hautrötung, Atemfrequenz, Schwitzen etc. sowie alle beobachtbaren körperlichen Ausdrucksweisen, die sich aus dem impliziten Körper ableiten, zum Beispiel Sprache, Bewegungen, Haltung usw. Der implizite Körper hingegen umfasst die »intrapsychischen« Abläufe wie Emotionen, Vorstellungen, Gedanken und Wahrnehmungen, die sich im expliziten Körper zeigen. Der explizite Körper wird als Spiegel gesehen. Alles, was wir im impliziten Körper erleben, spiegelt sich im expliziten. Hirn und Körper bilden eine untrennbare Einheit und korrespondieren permanent miteinander.

Alle diese Komponenten beeinflussen bewusst oder unbewusst eine so »einfache« Sache wie beispielsweise den Geschlechtsakt. Sie sind kleine Schräubchen in einem großen Zahnrad. Jede einzelne Schraube allerdings kann man sich bewusst ansehen, an ihr drehen, sie neu einstellen. Und viele der genannten Phänomene beschränken sich nicht ausschließlich auf die Sexualität. Wenn Sie also bewusst über Ihre Sexualität nachdenken, denken Sie zugleich auch über Ihre Persönlichkeit nach. Wenn Sie sich zum Beispiel Gedanken darüber machen, warum Sie beim Sex kontrolliert sind und manche Gefühle nicht frei zulassen können, kommen Sie vielleicht drauf, dass Sie sich bereits als Kind angewöhnt haben, bei bestimmten Gefühlen Ihren Körper auf eine gewisse Art anzuspannen. Dieser Umgang mit konkreten Gefühlen kann sich auf den Umgang mit allen Arten von Gefühlszuständen auswirken, auch auf die Lust. Darauf komme ich später noch genauer zurück.

Schreibanregungen

Sie haben nun gelesen, wie komplex die Sexualität ist und wie viele Komponenten hierbei eine Rolle spielen. Ganz spontan: Was fällt Ihnen dazu ein? Schreiben Sie ein paar Sätze dazu auf – sie müssen nicht zusammenhängen.

Sehr aufschlussreich können Gegensätze sein. Machen Sie für die folgende Übung zwei Spalten: In der einen schreiben Sie alles auf, schnell und spontan, was für Sie bei erfüllendem Sex hilfreich und gut ist, in der anderen, was dabei hinderlich ist. Danach können Sie einen widersprüchlichen Text schreiben. Vielleicht als ein Gegensatz-Gedicht. Zum Beispiel kann das als Listengedicht geführt sein, das immer gleich beginnt:

Schön ist es, wenn ...

Gar nicht schön aber ist es, wenn ...

Oder in anderer Form, etwa als einen Dialog zwischen den beiden Seiten, die als zwei unterschiedliche Figuren behandelt werden.

Greifen Sie ungeniert nach den Sternen und schöpfen Sie aus dem Vollen! Denken Sie an den für Sie perfekten und idealen Sex. Wann ist Sex für Sie erfüllend? Was gehört alles dazu? Wie soll er beginnen? Wie verhalten Sie sich? Wie verhält sich Ihr Partner? Wer ist in dieser Situation überhaupt Ihr Partner? Alles ist erlaubt! Soll dieser wunderbare Sex romantisch, leidenschaftlich, wild, innig oder alles zusammen sein? Findet er im Bett statt oder auf dem Küchentisch, im Auto oder auf einer Wiese? Lassen Sie Ihrer Fantasie freien Lauf, begrenzen Sie Ihre Gedanken in keiner Weise, lassen Sie sich von Ihren Idealvorstellungen davontragen und sich davon überraschen, welche Ideen spontan auftauchen, sobald Sie sich erst einmal auf das Thema einlassen. Sie können auch vorab Zeitschriften durchblättern und sich von Bildern anregen lassen. Vielleicht lässt das Bild einer Flasche Wein oder eines stimmungsvollen Waldes oder von verführerischen Dessous Ihre Fantasie explodieren?

Und dann schreiben Sie einen Text über erfüllenden Sex. Völlig frei. Schreiben Sie in der Ich-Form – schließlich geht es um Ihre persönlichen Vorstellungen zum perfekten Sex. Sie können auch eine Erzählung daraus machen. So, als ob Sie gerade erst letzte Nacht diese wundervolle Erfahrung gemacht hätten. Halten Sie es so, wie es Ihnen am stimmigsten erscheint. Manchmal tauchen erst beim Schreiben selbst, und nicht schon beim Nachdenken davor, konkrete Bilder und Szenen auf. Vielleicht ergeht es Ihnen jetzt genauso und womöglich entdecken Sie eine völlig neue Seite an sich.

Poetische Worte verwenden oft schöne Bilder, um etwas auszudrücken. Zum Beispiel können Sie die Liebe als besonderen Blumensamen sehen oder einen geliebten Menschen als Lebenslicht, Verliebtheit als zarte Pflanze oder Wahrheit als bitteren Tee usw. Versuchen Sie, einige poetische Bilder für Sex zu finden. Diese Aufgabe ist vielleicht herausfordernd, doch Sie sollten wissen: Wie wir etwas bezeichnen, sagt viel darüber aus, wie wir etwas sehen. Vielleicht möchten Sie Ihren Partner bitten, poetische Bilder für Sex zu suchen. Das könnte der Beginn eines interessanten Gesprächs sein …

Sex – das vernachlässigte Grundbedürfnis

Wir alle sehnen uns nach Nähe, Zärtlichkeit, Liebe und Lust. Sexualität ist ein zentraler Bestandteil menschlichen Lebens. Es ist nicht nur ein Grundrecht, es ist auch ein menschliches Grundbedürfnis. Eine erfüllende Sexualität und eine gute psychische Gesundheit stehen in engem Zusammenhang. Die bekannte Theorie des Psychologen Abraham H. Maslow geht davon aus, dass die Bedürfnisse der Menschen einer Hierarchie unterliegen. Seiner Annahme zufolge müssen die jeweils unteren Bedürfnisse zuerst angemessen erfüllt werden, um Bedürfnisse der nächsthöheren Ebene zu aktivieren. Die Nichterfüllung solcher Bedürfnisse würde zunächst bewusste und unbewusste Sehnsüchte erzeugen sowie ein Gefühl des Mangels entstehen lassen. In weiterer Folge könne es aber zu psychischen Anspannungen und schließlich zu Krankheit kommen.

Sexualität zählt dabei nach Maslow zu den physischen Grundbedürfnissen. Wir sind also sexuelle Wesen ebenso wie wir schlafende, essende, trinkende Wesen sind. Wie allerdings dieses Grundbedürfnis auf erfüllende Art und Weise zu erreichen ist, davon wird wenig gesprochen.

Sex – zwischen Überangebot und Tabu

Abgesehen von professionellen Autoren oder Therapeuten wird in der breiten Masse kaum angemessen und ernsthaft Sexualität thematisiert – wenngleich sich hier in letzter Zeit einiges verändert hat, sowohl am Buchmarkt als auch in manchen Magazinen, wo Sexualität achtsam behandelt wird. Vieles aber, was wir zu hören und lesen bekommen, ist entweder schambesetzt oder übertrieben freizügig und witzig. Sex macht man einfach. Ob gut oder schlecht, ob lang oder kurz, ob oft oder selten. Aber sich ernsthaft damit auseinanderzusetzen? Wohl kaum. Überlegen Sie selbst: Wie haben Sie oder Ihr Partner das Thema bisher behandelt? Haben Sie es überhaupt als Thema behandelt? Natürlich stellt sich hier – und auch weiter unten – die Frage, warum wir Sex überhaupt als Thema behandeln bzw. warum wir darüber reden sollten? Wenn wir mit unserer gelebten Sexualität zufrieden sind und auch mit unserem Partner erfüllende Sexualität leben, besteht kein Bedarf. Wir müssen wirklich nicht immer über alles reden oder gar zerreden. Haben wir aber Probleme, Blockaden, Hemmungen, sind wir gar unzufrieden, dann macht es schon Sinn, sich dem »heißen Eisen« irgendwie zu nähern.

Dass dies aber nicht so einfach ist, mag angesichts unserer »freizügigen« Zeit verwundern, da es heutzutage keine sexuellen Tabus mehr zu geben scheint. Seit der sexuellen Revolution in den 1960er-Jahren hat sich diesbezüglich in der Öffentlichkeit viel verändert. Damals galt es noch als Provokation, öffentlich über Sex zu reden, Nacktheit zur Schau zu stellen. In jener Zeit war es üblich, Experimente in jede Richtung zu wagen und sogar dazu zu ermutigen. Sexuelle Fantasien wurden frei gelebt – Partnertausch, Gruppensex, Bisexualität. Heute ist daran nichts Revolutionäres mehr zu finden. Sex ist allgegenwärtig. In den Zeitungen, auf den Plakatwänden, im Internet, in den Filmen, in den Social-Media-Kanälen. Der Pornokonsum boomt. Statistisch am häufigsten werden Pornos übrigens in der Schule gesehen – am Handy der Schüler und Schülerinnen! Der Pornokonsum bleibt natürlich nicht ohne Folgen, aber das ist ein anderes Thema. Nur so viel: Pornos zu schauen tötet langfristig die sexuellen Fantasien ab und erhöht die Unzufriedenheit mit der eigenen Sexualität., wie unterschiedliche Studien belegen. Ebenso gibt es bei den Sexualpraktiken keine Tabus mehr, alles ist erlaubt: Anal-, Oral- und Vaginalverkehr, Sado-Maso-Spielchen, Partnertausch in Swingerclubs etc. Natürlich möchten deshalb noch lange nicht alle alles ausprobieren. Wir erfahren in den Medien zudem, dass Sex gesund sei, Kalorien verbrauche und als Jungbrunnen gelte. Regelmäßiger Sex tue dem Körper und der Psyche gut. Ob wir nun Lust haben oder nicht, Sexualität scheint funktionalisiert und in den Kanon der Ratschläge für langes Leben mitaufgenommen zu werden: zwei Portionen Obst, fünf Portionen Gemüse täglich und mindestens zwei Portionen Sex pro Woche. Das alles und noch viel mehr lesen und sehen wir in den öffentlichen Medien, ja, wir entkommen diesen Aussagen kaum noch. Aber, wie wir erfüllende Sexualität leben wie wir unser Sexleben gestalten können, damit es beiden Partnern Spaß macht, dazu hören und lesen wir erstaunlich wenig Sinnvolles in der Öffentlichkeit. Wir bekommen höchstens ein mulmiges Gefühl, wenn wir die vielen romantischen und erregenden Sexszenen sehen, dass womöglich doch etwas mit uns nicht stimmt, wenn wir unseren eigenen sexuellen Alltag nicht als so aufregend erleben. Aber darüber zu reden? Oh Gott, bloß nicht!

Gut, wir müssen, wie schon erwähnt, nicht über alles reden. Es geht nicht darum, mit der besten Freundin Sex-Erlebnisse auszutauschen. Wobei auch nichts dagegen spricht, wenn wir dabei nicht unseren Partner kompromittieren. Was aber, wenn uns unsere eigenen Fantasien beunruhigen? Was, wenn wir uns nicht »normal« fühlen? Was, wenn es Probleme gibt? Ja, auch dann reden wir kaum über Sexualität. Stillschweigend gehen wir außerdem davon aus, dass unsere Bekannten ein mehr oder weniger erfülltes Sexleben haben und dabei vermutlich höchst »normal« sind. Wir selbst wollen ebenfalls als »unverdächtig normal« angesehen werden und behalten Gedanken und Wünsche für uns, verheimlichen sie oft genug auch vor dem Partner. Dass das eigene Sexleben in Wirklichkeit womöglich ein tristes Dasein führt und vernachlässigt wird, akzeptieren wir nur allzu häufig. Da kümmern wir uns doch lieber um andere Grundbedürfnisse und planen eifrig einen gesunden Ernährungsplan und ambitionierte Sportprogramme.

Bitte, verstehen Sie mich nicht falsch! Diese Aussagen sollen nicht ein weiterer Faustschlag in die Magengrube sein. Die eigene Sexualität ist in der Tat etwas so Intimes und wohl für jeden Menschen ein Bereich, bei dem er höchst empfindsam ist. Aber gerade weil die Sexualität eben doch ein Grundbedürfnis ist, das wie alle anderen Grundbedürfnisse auch unsere gesamte Vitalität beeinflussen kann, macht es Sinn, sich Schritt und Schritt aus seinem Schneckenhaus herauszuwagen, sich mit ihr zu beschäftigen, die eigene Unsicherheit zu überwinden und sich offen mit dem Partner auszutauschen.

Wie sonst sollen Probleme, Lustlosigkeit, Blockaden, ein unerfülltes Liebesleben »verschwinden«, wenn wir mit niemandem darüber sprechen, dies vielleicht sogar vor uns selbst verdrängen, nach dem Motto: »Ist ja nicht so wichtig.« – noch dazu, wo Blockaden in der Sexualität ja auch auf Blockaden in der »Gesamt-Persönlichkeit« hinweisen können. Das Grundbedürfnis Sexualität hat es verdient, genauso umsorgt zu werden wie andere Grundbedürfnisse auch: es kennenzulernen, probieren, was einem guttut und was nicht, sich informieren etc. Eine gesunde Ernährung ist Aufwand, gesunde Bewegung ist Aufwand – und eine gesunde Sexualität ebenfalls. Es geht also darum, die Sexualität als ein Grundbedürfnis anzuerkennen und sich mit ihr zu beschäftigen. So, wie Sie das nun machen. Eine ehrliche, ernsthafte, klischeebefreite und schamlose Auseinandersetzung mit diesem Grundbedürfnis ist ein vielversprechender Zugang, der von Reife zeugt. Zugleich bedeutet eine solche Auseinandersetzung, das Thema Sexualität zu enttabuisieren und zu entmystifizieren – und dafür ist es höchste Zeit!

Kleiner Exkurs: Sexismus

Was die generelle Unsicherheit und Schamhaftigkeit verstärken kann, ist interessanterweise eine der sexualisierten Öffentlichkeit gegenläufige Tendenz, die auch als neue »Prüderie« bezeichnet wird. Dazu gäbe es, wie beim Pornokonsum, viel zu sagen und das Thema könnte ein eigenes Buch füllen. Ein Stichwort dieser neuen Prüderie ist »Sexismus«. So wird etwa bei medialen Darstellungen von Sexualität schnell von Sexismus geredet, zum Teil schneller als in der Zeit der »sexuellen Revolution«: schlechte Witze – Sexismus, zweifelhafte Anspielungen – Sexismus. Und natürlich findet sich in den Medien und im wirklichen Leben tatsächlich eine Menge Sexismus, der zu verurteilen ist. Dieser latente Vorwurf des Sexismus lässt die Menschen im Umgang miteinander sehr vorsichtig werden – was ist erlaubt und was nicht, was ist gut und was schon verdächtig? Das fördert nicht gerade einen entspannten Umgang mit der Sexualität, egal auf wie viel Freizügigkeit wir in den Medien stoßen. Für Sexismus gibt es eine klare Definition – vielleicht ist das eine Hilfe: jede Form, ob bewusst oder unbewusst, der Unterdrückung und Benachteiligung aufgrund der Geschlechtszugehörigkeit muss als Sexismus gesehen werden.

» *Er zu ihr nach dem Liebesakt:*
»Warum sagst du mir nie,
wenn du einen Orgasmus hast?«
Da sagt sie: »Würde ich ja gerne,
aber du bist nie dabei.«

» *»Ein kleiner Junge bist du.*
Und ebenso, wie du zu bequem warst,
um tanzen zu lernen, bis es beinahe zu spät war,
so warst du auch zu bequem, um lieben zu lernen.«
(AUS: HERMANN HESSE, STEPPENWOLF)

Schreibanregungen

Schreiben Sie einen Text über Grundbedürfnisse. Machen Sie sich Gedanken darüber, welche Grundbedürfnisse Sie für ein zufriedenes Leben haben. Und lassen Sie in diesem Text die Sexualität vorkommen. In welchem Verhältnis steht sie zu den anderen Grundbedürfnissen? Machen Sie sich weiter Gedanken, ob Sie daran etwas verändern möchten oder ob die Verhältnisse in Ordnung sind. Schreiben Sie in der Ich-Perspektive.

Versuchen Sie nun, einen Text zu schreiben, in dem Sie die Aufgabe von oben auf Ihren Partner übertragen. Wie sind wohl seine Grundbedürfnisse und in welchem Verhältnis steht bei ihm die Sexualität? Schreiben Sie aus seiner Perspektive.

Schreiben Sie abschließend einen Gegen-satz-Text, vielleicht als Gedicht, vielleicht aber auch als fiktives Gespräch. Diese Übung kann sehr aufschlussreich sein. Vielleicht wird Ihnen erst durch diese Gegenüberstellung bewusst, wo sich Ihre Bedürfnisse überschneiden und wo sie womöglich weiter auseinanderliegen.

Wie sind Sie bisher mit Ihrer Sexualität umge-gangen? Haben Sie sich Gedanken dazu ge-macht? Wenn ja, aus welchen Gründen und zu welchen Zeiten? Was war der Grund, weshalb Sie sich dieses Buch gekauft haben? War Sexua-lität in all den Jahren gleich wichtig für Sie oder hat sich etwas verändert? Inwiefern? Notieren Sie sich hierzu völlig frei und zwanglos alle Ge-danken, die Ihnen nun einfallen.

Grundbedürfnisse können sich im Laufe eines Lebens verändern. Schreiben Sie aus Ihrer heu-tigen Sicht einen Brief an sich selbst als 14-jäh-riges Mädchen. Was würden Sie diesem Mäd-chen über Sexualität schreiben? Was möchten Sie dieser jungen Person mitgeben, was Ihrer Meinung nach gerade in diesem frühen Alter hilfreich sein kann? Was hätten Sie sich ge-wünscht, damals schon gewusst zu haben?

Angenommen, Sie hätten soeben eine Sexual-therapeutin kennengelernt. Welche Fragen wür-den Sie ihr stellen?

Wählen Sie Ihre Perspektive!

In der Literatur gibt es verschiedene Möglichkeiten, Geschichten zu erzählen. Eine Grundfrage ist immer, *wer* erzählt? Ist es eine Person, die alles weiß und in alle handelnden Figuren hineinschauen kann? Oder ist es eine Ich-Person, die nur die eigene Wahrnehmung wiedergeben kann? Oder wird aus der »personalen Perspektive« erzählt, also in der Er- oder Sie-Form, die ebenfalls nur den Blickwinkel einer bestimmten Person darstellt? Die verschiedenen Perspektiven haben auf die Leser unterschiedliche Auswirkungen. So erlebt man etwa die Ich-Perspektive als sehr unmittelbar und direkt, als Leserin ist man direkt am Geschehen dran. Etwas mehr Abstand vermittelt die Er- oder Sie-Perspektive.

Im therapeutischen Schreiben können Sie unterschiedliche Perspektiven verwenden, obwohl Sie hier meistens nur über sich schreiben. Interessant ist dabei vor allem zweierlei: Zum einen können Sie auf diese Weise durch die Brillen eines anderen sehen. Sie bemühen sich, die Welt aus dem Blickwinkel einer bestimmten Person zu sehen, etwa wenn Sie aus der Sicht des eigenen Partners schreiben. Dabei geht es um *seine* Wahrnehmungen, um *seine* Gefühle, um *seine* Probleme etc.

Zum anderen können Sie aber genauso das eigene Erleben aus einer anderen Perspektive beschreiben und bekommen damit einen gewissen Abstand zum Geschehen und ein anderes Verständnis. In der Schreibtherapie wird diese Methode tatsächlich oft eingesetzt, etwa, um über ein belastendes Ereignis aus der Sie-Perspektive zu schreiben. Sie können das gerne einmal versuchen. Vielleicht erinnern Sie sich an eine angenehme Begebenheit und erzählen das Erlebnis aus der Ich-Perspektive und anschließend ein zweites Mal aus der Sie-Perspektive. Sie können das gleiche Erlebnis ebenso aus der Sicht einer anderen Person beschreiben, die daran beteiligt war. Sie werden einen Unterschied bemerken, auch in der Bewertung des Erlebnisses. Hier gibt es viele interessante und aufschlussreiche »Spielereien«. So können Sie ein Erlebnis sogar aus der Sicht eines Symptoms, zum Beispiel »Kopfweh«, beschreiben oder aus dem Blickwinkel eines Körperteils. Und jedes Mal werden Sie andere Einsichten bekommen. Das ist spannend!

Im Laufe der Schreibanregungen in diesem Buch werden Sie übrigens ebenfalls noch mehrmals die Gelegenheit haben, aus einer anderen Perspektive zu schreiben.

Lassen Sie sich darauf ein, dieser – vielleicht für Sie ungewöhnlichen – Anregung zu folgen. Ich bin sicher, dass Sie sich auf eine völlig neue Weise entdecken können.

»Frauen haben seltener Lust als Männer« – und andere Mythen der Sexualität

Wie definiert ein Mann einen »romantischen Abend«? – Sex. Dieser Spruch belegt, was viele denken: Männer wollen stets nur »das Eine«. Aber ist das tatsächlich so? Sind Männer tatsächlich vorrangig körperlich an Frauen interessiert, während Frauen vor allem die »einzig wahre Liebe« suchen? Über Liebe und Sex kursieren viele Geschichten.

Gerade weil die Sexualität immer noch sehr schambehaftet ist und kaum ernsthaft und offen über das Thema gesprochen wird, kursieren nach wie vor sehr viele Mythen, Halbwissen oder gar Unwissen in den Medien und damit in den Köpfen vieler Menschen. Viele haben ihr gesamtes Wissen über Sexualität und über ihren eigenen Körper aus mündlichen »Überlieferungen«, aus den Medien und übernehmen dieses Wissen häufig, ohne nachzufragen. Wie denn auch, wenn man sich selbst und den eigenen Empfindungen nicht traut. Dieses »Wissen« kann vielerlei sein: völlige Falschinformationen, beliebte Gerüchte oder romantische

Vorstellungen, die es in Wirklichkeit kaum gibt, »Tipps und Tricks«, Klischees und vieles mehr. Ich fasse sie alle unter »Mythen« zusammen. Und Sexmythen gibt es unzählige. Ich schreibe einige dieser Mythen kommentarlos auf – sie werden sich im Laufe des Buches von alleine auflösen. Ich möchte Sie aber bitten, sich zu den jeweiligen Mythen ein paar Notizen zu machen. Bestimmt haben Sie spontane Gedanken dazu – schreiben Sie sie auf! Wenn Ihnen noch andere Mythen einfallen, gerne! Ergänzen Sie, was Sie möchten.

- Ein echter Liebhaber kann immer und mehrmals hintereinander.
- Frauen brauchen ein Vorspiel.
- Frauen haben multiple Orgasmen.
- Der Mann ist für den Orgasmus der Frau verantwortlich.
- Frauen haben seltener Lust auf Sex als Männer.
- Eine Erektion von 30 Minuten ist normal.
- Beim Sex zählt die Leistung.
- Wer keine Lust hat, ist frigid. Enthaltsamkeit steigert die Lust.
- Guter Sex dauert mindestens eine Stunde.
- Männer über 70 können keinen Sex mehr haben.
- Auf die Länge kommt es an.
- Sexuelle Vorlieben und Fantasien bleiben immer gleich.
- Selbstbefriedigung ist schlecht für die Partnerschaft.
- Frauen, die gerne Sex haben und sich dabei nehmen, was sie wollen, sind »billig«.
- Schmutzige Fantasien sind verboten und pervers.
- Wenn Frauen »Nein« sagen, meinen sie »Vielleicht«.
- Pornos sind stimulierend.
- Normal sind dreimal Sex pro Woche.

Ich glaube, diese Beispiele reichen. Auch wenn es noch viele Falschmeldungen, Tipps und Sonstiges zum diesem Thema gäbe. Denken Sie in Zukunft einfach daran: Was auch immer über Sex erzählt wird, *könnte* falsch sein. Lassen Sie sich also nicht unter Druck setzen und liefern Sie lieber Ihre eigenen und persönlichen Argumente, die vermutlich auf Erfahrung basieren und nicht auf Gerüchten.

Da der Begriff »Mythos« nicht nur »Rede«, »Laut«, »Erzählung« oder »sagenhafte Geschichte« bedeutet, sondern in der Literatur auch als magischer oder religiöser Text gilt, habe ich mich auf die Suche nach einem mythischen Text über Sexualität gemacht. Gefunden habe ich eine Geschichte der griechischen Mythologie, die zum Schmunzeln anregt. Sie handelt von der Bauchgöttin Baubo, die der Fruchtbarkeitsgöttin Demeter mit obszönen Witzen aus einer tiefen Traurigkeit herausgeholfen hat. Ja, über Sexualität darf auch gelacht werden; das kann sogar sehr befreiend sein. Daher gebe ich Ihnen diese kurze göttliche Geschichte als eine Anregung mit, die bei Ihnen vielleicht ebenfalls eine »magische« Geschichte entstehen lässt.

Baubos Name steht für Bauch, Uterus und Schoß. Sie hat keinen Körper, wie wir ihn gewohnt wären: Ihr Kopf ist gleichzeitig ihr Bauch, ihre Augen sind ihre Brüste, ihre Vulva ist der Mund, mit dem sie zweideutige Witze erzählt. Immer ist ihre Botschaft eine des Bauches. Mit ihrem vibrierenden Lachen weist sie zudem auf die Kraft und Lebendigkeit ihrer Vulva hin.

Die Erdmutter und Fruchtbarkeitsgöttin Demeter hatte eine liebreizende Tochter, namens Persephone, die eines Tages lustwandelnd im Garten spazierte, an Blütenknospen roch, als plötzlich Hades, der Gott der Unterwelt, aus einer Erdspalte stieg und Persephone mit einem Griff hinab in seine Welt zog. Niemand hörte Persephones Hilfeschreie, die Erdspalte schloss sich, als wäre sie nie aufgegangen. Dennoch hallten ihre Hilfeschreie unter der Erde weiter und so vernahm Demeter die Rufe ihrer Tochter. Die Erdmutter war tief verzweifelt, machte sich klagend und rufend auf die Suche nach ihrer Tochter. Viele Monate vergingen. Demeter wütete, weinte, flehte, doch ihre Tochter kehrte nicht wieder. Da verfluchte sie alles, was fruchtbar war. Es wurden keine Kinder mehr geboren, keine Knospen öffneten sich, kein Weizen gedieh. Die Erde begann zu sterben. Und immer noch ließ Demeter sich nicht zur Besinnung bringen, der Verlust ihrer Tochter war nicht zu ertragen. So saß sie eines Tages am Brunnen und schrie verzweifelt den Namen ihrer Tochter. »Persephone! Persephone!« Da erschien ihr ihre Amme Baubo, die das Leid nicht länger mitansehen konnte. Sie ritt auf einem Schwein zu Demeter, um sie zu trösten. Baubo setzte sich mit ihrem Bauchkörper zu ihr an den Brunnenrand, begann wie wild zu tanzen, schwenkte ihre Hüften, ihre Brüste wippten auf und ab und ihre Brustwarzen blickten Demeter frech an. Baubo erzählte einen obszönen Witz nach dem anderen. Da sie aber keinen Mund hatte, sprach ihre Vulva. Bauba hob ihr Kleid hoch, damit Demeter den schmutzigen Witzen gut lauschen konnte. Zunächst entkam ihr nur ein verstohlenes Lächeln, je länger Bauba aber erzählte, desto offener und herzlicher wurde Demeters Lachen. Bis schließlich beide Göttinnen am Brunnenrand lauthals lachten, ein so ungestümes, vibrierendes Bauchlachen, dass Hades davon neugierig wurde und an die Oberfläche stieg. Nach einigem Hin und Her entließ er Persephone aus seinem Reich. Und so konnten die Felder und Meere und Frauenbäuche wieder fruchtbar werden.

Lustkiller

Bewusst an den Anfang des Buches stelle ich dieses Kapitel über »Lustkiller«. Wenn Sie dieses Buch durchgelesen und durchgearbeitet haben, werden Sie über die hier genannten Lustkiller vermutlich anders denken und einige davon vielleicht als interessanten Anstoß, sich weiterzuentwickeln, identifiziert haben. Über fast jeden der folgenden Punkte finden Sie dazu Gedanken im Buch.

Wenn es beim Sex Probleme gibt, sind sie häufig psychischer Natur. Unser Gehirn ist ein wichtiges »Sexualorgan«. Malen wir uns den Sex mit unserem Partner schön aus, wird gleichzeitig die Lust steigen. Umgekehrt können behindernde Gedanken und Gefühle das Gegenteil bewirken. Es können aber noch andere »Störungen« das Lustempfinden killen.

Schreibanregung

Bevor ich ein paar typische »Lustkiller« aufzähle, möchte ich Sie bitten, schreiben Sie spontan auf, was Ihnen persönlich die Lust nimmt. Notieren Sie alles so, wie es Ihnen einfällt, ohne genauer darüber nachzudenken. Zum Beispiel: »schlechte Laune«, »Stress«, »Streit«, ... Gönnen Sie sich einen unvoreingenommenen Blick. Wenn Sie weiterlesen, kann es sein, dass Ihnen noch weitere Lustkiller einfallen oder dass Sie die eine oder andere spontane Antwort von eben als etwas anderes »entlarven«.

Häufige Lustkiller sind folgende:
- *Versagensängste und zu hohe Erwartungen:* An diesen beiden Lustkillern sind nicht selten die vielen »Mythen« und übertrieben perfekt dargestellten Szenarien in den Medien schuld. Sehen Sie sich einen klassischen Hollywood-Liebesschinken an! Welche Ideale werden uns in solchen Filmen vermittelt? Viele Liebes- und Sexszenen werden so wunderbar dargestellt, dass viele sich genau nach solchen Momenten im echten Leben sehnen, oft auch ihre eigenen Erfahrungen mit den gezeigten Bildern vergleichen und dabei unzufrieden werden.

Wenn ein Mann etwa daran glaubt, er müsse immer und zu jeder Zeit »können«, kann diese Erwartung enormen Druck ausüben. Wenn Frauen meinen, sie wären frigid, wenn sie nicht mindestens dreimal die Woche geil sind, trägt das ebenfalls nicht zu einer entspannten Sexbeziehung bei. Viele von uns erwarten sehr oft von sich, perfekt funktionieren zu müssen, auch beim Sex. In manchen Partnerschaften ist das Thema Sex dermaßen verkrampft, dass keine Lösung in Sicht zu sein scheint.

» ›... *Und ich kann ihm als Anerkennung nicht einmal Sex bieten, weil ich so lustlos bin. Ich bin schon knapp am Verzweifeln.‹ Nachdem sie mir das geschildert hatte und ich spürte, wie verzweifelt sie war, fragte ich: ›Wie oft hätte denn Ihr Mann gerne Sex?‹ Sie schaute mich erstaunt an, überlegte ein paar Sekunden und antwortete dann mit hochgezogenen Augenbrauen: ›Das weiß ich nicht, wir reden nicht darüber.‹*
(AUS: ALEXANDRA MEIXNER: ÄTSCH ERSTER!)

- *Persönliche Unzufriedenheit:* Wir Menschen sind nicht perfekt und darum geht es auch nicht. Wir alle haben vermutlich da oder dort Unsicherheiten, Ängste und ungelöste Konflikte. Wir werden womöglich nie »ganz aufgeräumt« sein und können dennoch Sex genießen. Mit diesem Punkt ist eher Folgendes gemeint: Je weniger wir uns selbst kennen und annehmen, desto weniger werden wir uns trauen, uns dem anderen so zu zeigen, wie wir sind. Wir schränken uns dabei aber stark ein: in unseren Gefühlen und in unserer Hingabe. Je mehr wir über uns selbst erfahren, desto besser können wir mit uns und mit anderen umgehen und werden verschiedene Situationen gelassener meistern. Was meine ich mit »uns selbst besser kennenlernen«? Eigentlich alles, was Sie in diesem Buch machen: darüber nachzudenken, wie Sie mit Gefühlen umgehen, darüber, welche Gedanken und Wertvorstellungen Ihr Leben bestimmen und welche Konflikte Sie eventuell blockieren etc. Sich selbst besser kennenzulernen, führt automatisch zu mehr *Selbst-Bewusstsein*. Und mehr *Selbst-Bewusstsein* führt wiederum zu einer liebevollen Nachsicht mit sich selbst und mit anderen und schließlich dazu, sich so zeigen, wie man ist. Auch als »Zornpinkerl« mit Orangenhaut und kleinen Brüsten.

- *Partnerschaftskonflikte:* Konflikte, Streitereien und negative Gefühle machen es für viele Menschen unmöglich, an Sex zu denken. Sie brauchen Vertrauen und die Nähe des Partners, um sich hingeben zu können. Hatten wir zum Beispiel gerade einen Streit mit unserem Partner bezüglich der Erziehung unseres Sohnes oder herrscht seit Tagen dicke Luft, weil wir kürzlich bis vier Uhr morgens mit einer Freundin um die Häuser zogen, so können uns solche negativen Stimmungen ordentlich die Lust auf Sex verderben. Zum Glück sind solche Stimmungen meist vorübergehend.

- *Ekel:* Mangelnde Hygiene oder zu starker Geruch, auch nach künstlichen Düften, kann die Lust auf Sex dämpfen. Wer von Anfang an Ekel gegenüber einer Person empfindet, wird wohl kaum Sex mit ihr haben. Möglich ist es aber, dass sich die Hygiene des Partners oder der spezifische Geruch im Laufe der Beziehung verändert, wodurch sich Lustlosigkeit einschleichen kann.

- *Angst:* Angst vor Geschlechtskrankheiten oder vor ungewollter Schwangerschaft kann verhindern, dass wir Lust bekommen.

- *Stress:* Stress ist einer der größten Lustkiller. Ein voller Terminkalender, endlos lange Erledigungs-Listen, Überstunden und dergleichen führen schnell zu Erschöpfung und einem Gefühl der Überforderung. Viele Menschen brauchen Zeit und eine innere Ruhe, um Sex genießen zu können.

● *Unzufriedenheit mit den sexuellen Praktiken:* Sex ist sehr individuell. Jeder hat andere Wünsche, Vorlieben und Fantasien. Auch kann sich unterscheiden, auf welche Art man jeweils erregt wird und auf welche Reize man anspricht. Häufig kommen in einer Partnerschaft noch unterschiedliche stark ausgeprägte Bedürfnisse hinzu. So wäre es denkbar, dass Ihr Partner das sexuelle Beisammensein stets gerne lustvoll in die Länge zieht, Sie abends aber müde sind und lieber kürzer Sex haben möchten. Oder Sie persönlich lieben Sex am Morgen, Ihr Partner hingegen gar nicht. Sie stehen auf »Dirty Talking«, Ihr Partner aber kriegt beim Sex kein Wort über die Lippen. Denkbar ist auch, dass Sie Sex im gemütlichen Bett vorziehen, Ihr Partner lieber ungewöhnliche Orte bevorzugt. Auch möchte er Analsex, was Sie sich gar nicht vorstellen können. Oder aber Sie haben täglich Lust auf Sex, nicht so Ihr Partner usw. Diese Beispiele ließen sich endlos fortsetzen und sind vermutlich so vielfältig, wie es Paarkonstellationen gibt.

● *Unreife Form der Intimität:* Eine emotionale Verbundenheit mit dem Partner kann in hohem Maß die sexuelle Erregung steigern. Wird die Intimität jedoch missverstanden und führt sie zu einem starken Verschmelzungswunsch, kann dies auf Dauer jegliches sexuelle Begehren ersticken. Unter Verschmelzung versteht man, wenn es kein »Du« und kein »Ich« mehr gibt, sondern in allem nur noch ein »Wir«. Verschwindet die Individualität in Beziehungen und werden Unterschiede schnell als »bedrohlich« erlebt, kann dies auf Dauer der Beziehung und dem Sexleben schaden. Dazu lesen Sie bei »Den Partner lieben« noch mehr.

- *Begrenzende Gedanken:* »Doch nicht in der Früh!«, »Wenn ich das mache, bin ich billig«, »Im Auto? Ich bin ja keine Prostituierte!«, »Da stelle ich mich jetzt sicher ganz blöd an« etc. Je nachdem, wie wir über Sex denken und was wir uns vom Kopf her erlauben, entscheidet, wie der Sex sein wird. Einfach gesagt: Gute Gedanken – guter Sex, schlechte Gedanken – schlechter Sex. Sich eventuell begrenzende Gedanken bewusst zu machen und genauer zu hinterfragen, ist ein erster wichtiger Schritt.

Solche Gedanken können sogar noch in langjährigen Beziehungen eine Einschränkung darstellen, wie Jeanette Winterson in ihrem Roman »Auf den Körper geschrieben« veranschaulicht. Dort sagt der Protagonist: »Wie lange bist du jetzt verheiratet? Die perfekte Vorzeigeehe. Zehn Jahre, zwölf? Und du sagst ihm nicht, er soll den Kopf zwischen deine Beine stecken, weil du denkst, er könnte es geschmacklos finden. Und dann redest du von sexuellem Selbstbewußtsein.«

Schreibanregung
Gibt es einen Lustkiller, der Sie besonders »angesprochen« hat? Warum? Machen Sie sich schriftlich ein paar Gedanken dazu – bleiben Sie bitte wertfrei. Es wäre völlig falsch, sich selbst oder dem Partner Vorwürfe zu machen. Vielleicht finden Sie als Abschluss einen motivierenden Satz, eine Art Vorsatz, wie Sie mit diesem Lustkiller in Zukunft umgehen könnten.

Die heißen Sechs
für heißen Sex

Was braucht es für heißen Sex? Was kann es schon mehr brauchen als zwei Menschen, die hier und sofort miteinander heißen Sex haben wollen? Stellen Sie sich vor, Sie und Ihr Partner sind diese zwei Menschen. Wird der Sex somit automatisch »heiß«? Heiß und erfüllend?

Auch wenn Sex scheinbar die einfachste Sache der Welt ist, so spielen doch viele unterschiedliche Komponenten eine Rolle, damit Sex zum erfüllenden Sex wird. Und erfüllender Sex ist mit Sicherheit nicht die einfachste Sache der Welt. Alleine schon deshalb, weil auch wir Menschen nicht die einfachste Spezies dieser Welt sind. Viel zu viel geistert in uns herum, das uns beeinflusst; Gedanken, Gefühle, Glaubenssätze, Erfahrungen, Ängste, Erwartungen, ... Diese »Geister« allerdings können wir uns ansehen und ihnen Schritt für Schritt das Spuken austreiben – oder besser: Seite für Seite. Und darum geht es im Folgenden, sich diese »Geister« anzusehen und den Spuk zu nehmen. Ich habe mich bei der Gliederung für den nun kommenden Hauptteil meines Buches an Aussagen der Sexualwissenschaft orientiert und versucht, die vielen verschiedenen Komponenten inhaltlich zu ordnen und sie sinnvoll zusammenzufassen. Auch wenn sie in Wirklichkeit ineinander übergehen und alle zur gleichen Zeit mit unterschiedlichen Kräften auf uns einwirken.

1. Mutig weiterentwickeln

Sexualität begleitet uns vom Lebensanfang bis zum Lebensende. Sie zu gestalten, zu pflegen und zu genießen, ist eine sinnvolle Aufgabe. Wie entwickeln wir sexuelle Reife beziehungsweise »sexuelle Kompetenz«, wie diese Reife auch genannt wird?

Unser sexuelles Potential entscheidend erweitern zu können, setzt eine bestimmte Stufe der persönlichen Entwicklung voraus. Sexualität ist, zumindest in Verbindung mit Intimität – darauf komme ich bei »Meinen Partner lieben« noch genauer zu sprechen – *nicht* naturgegeben. Es handelt sich eben um ein Potential, Keine andere Spezies auf Erden braucht so lange wie wir, um die volle sexuelle Reife zu erlangen. Und die körperliche Geschlechtsreife, die in der Pubertät entsteht, sagt darüber noch gar nichts aus.

Konkret ist die Aneignung sexueller Kompetenz ein intensives Wechselspiel zwischen Körper, Herz und Geist. Alles, was wir über uns selbst und über die Welt außerhalb uns selbst denken und fühlen, spielt sich in unserem Inneren ab. Von Gefühlen und Stimmungen über Glaubenssätze bis hin zu Idealen, Verboten und Erinnerungen. Unser Gehirn erkennt bestimmte Signale, die der Körper aussendet, als angenehm oder unangenehm, zum Beispiel als sinnlich und erregend. Umgekehrt können etwa konkrete Gedanken oder feste Glaubenssätze uns daran hindern, solche als angenehm empfundenen Körpersignale weiter aufkommen zu lassen, geschweige denn zu genießen – eben, weil unser Geist genau diese vielleicht nicht erlaubt und sie als negativ bewertet.

Ich möchte Ihnen dies anhand eines Beispiels näherbringen: Stellen Sie sich vor, jemand streichelt Sie auf eine Art und Weise, die Sie erregt. Ihr Körper empfindet diese Berührung auch als erregend und leitet dies an das Gehirn weiter. Mit der Person allerdings, die Sie gerade streichelt, haben Sie vor wenigen Minuten noch gestritten. Ihr Geist erlaubt

Ihnen zwar, die Berührung als angenehm zu erleben, sie als Entschuldigung zu sehen, verbietet es Ihnen aber, diese Berührung als erregend zu empfinden. Und sofort werden Sie diese Berührung auch nicht mehr als erregend empfinden. Aus der Zauber. Sich selbst zu beobachten, dieses Zusammenspiel zu durchschauen, manche der »automatisch« gemachten Gedanken und wahrgenommenen Empfindungen zu hinterfragen, sich die eigene »Echtheit« und Selbstständigkeit dem Partner gegenüber bewusst zu machen – all das gehört zum Prozess der Reifung und ist ein Weg der kleinen Schritte. In den nächsten Abschnitten lassen Sie sich genau auf diesen Prozess ein.

Ich als sexuelles Wesen

Jeder Mensch ist ein Individuum und lebt seine Individualität auch im sexuellen Bereich verschiedenartig aus. Unterschiedliche Lebensbereiche bekommen auf diese Art ihre persönliche Note. Die Sexualität ist nur einer von vielen Lebensbereichen eines Menschen. Sie ist individuell geprägt und will ebenso gelebt werden. Dabei ist die Sexualität allerdings einer Dynamik unterworfen, die sich je nach Alter, Lebensphase und wechselnden Bedürfnissen verändern kann.

Zu unserer Sexualität gehören viele Elemente, zum Beispiel unsere Geschlechtsidentität, unser sexuelles Verlangen, unser Geschlechtsverhalten. Sexualität ist viel mehr als bloß Geschlechtsverkehr, also der Koitus mit dem Ziel der orgastischen Entladung, wie das von vielen fälschlicherweise gesehen wird. Sie ist vielschichtig und umfasst grundsätzlich jede Art der Kommunikation zwischen Menschen, bei der eine sexuelle Reaktion mitspielt. Sexualität ist als eine Fülle von Verhaltensweisen und Erlebnismustern, von Gefühlen und Bedürfnissen, die wir in Bezug auf unsere Geschlechtlichkeit machen, zu sehen. Das reicht von geheimen Fantasien über sexuelle Erregung bis hin zum Orgasmus – es liegt auf der Hand, dass der Koitus nur eine von unzähligen sexuellen Verhaltensweisen ist. Ein erotisches Lächeln, einem vorübergehenden Fremden zugedacht, ist ein ebenso sexueller Akt wie das zufällige Erregtwerden, wenn einem eine bestimmte Erinnerung unterkommt. Was ist eigentlich das Schöne am Sex? Der Paar- und Sexualtherapeut David Schnarch meint, das Schöne am Sex liege nicht in ihm, sondern in uns. Wir entwickeln im Laufe unseres Lebens eine innere Schönheit, und genau diese Schönheit müssen wir in die sexuelle Begegnung hineintragen. Erfüllende Sexualität hänge nicht nur davon ab, wer mein Partner ist, wie verliebt ich bin, welche Techniken ich beherrsche, sondern entscheidend wäre, wer *ich* bin und wie *ich* mich in das sexuelle Geschehen einbringe. Darauf bezieht sich auch das erwähnte Zitat, dass zwischen leidenschaftlichem Sex und Zellulitis ein enger Zusammenhang bestehe: Sechzigjährige wissen vermutlich wesentlich besser über sich Bescheid, haben mehr Lebenserfahrung oder ausgeprägtere Eigenschaften als Zwanzigjährige und können daher auch mehr innere Schönheit in die Sexualität hineinbringen. Sexualität hat viel mit Sich-Zeigen zu tun –der Mut des Sich-Zeigens wiederum viel mit Reife.

Schreibanregungen
Machen Sie sich unabhängige und völlig formfrei Notizen zu folgenden Fragen: Was bedeutet Sexualität für Sie? Welchen aktuellen Stellenwert hat Sexualität in Ihrem Leben? Wie fühlen Sie sich in Ihrer Geschlechtszugehörigkeit »Frau« zuhause? Welche Aspekte der Sexualität fallen Ihnen ein? Was alles ist für Sie »sexuell angereichert«? Wie zufrieden sind Sie mit Ihrem sexuel-

len Leben? Was, meinen Sie, macht Ihre sexuelle Persönlichkeit aus, was ist »Ihr« sexuelles Wesen?

Schreiben Sie anschließend die Essenz Ihrer Überlegungen in ein Haiku. Ein Haiku (siehe Kapitel »Intuitive und kreative Schreibtechniken«, Seite 201) ist ein japanisches Kurzgedicht, das ursprünglich naturphilosophische Betrachtungen zum Inhalt hatte. Die letzte Zeile eines Haikus, also die dritte Zeile, soll zum Nachdenken anregen. Ein Haiku ist immer eine gute Übung, um für sich selbst das Wesentliche einer Situation, eines Erlebnisses, eines Gefühls oder eines umfassenderen Phänomens, wie eben der Sexualität, herauszuarbeiten. Fassen Sie mit wenigen Worten einen komplexen Sachverhalt zusammen. Das ist eine Kunst und eine interessante Herausforderung. Geben Sie abschließend Ihrem Haiku eine Überschrift.

Überlegen Sie sich zu verschiedenen Lebensbereichen, was die besondere und individuelle Art ausmacht, wie Sie diesen Bereich leben. Was ist zum Beispiel das Besondere daran, wie Sie Ihren Haushalt führen, wie Sie mit Ihren Freundinnen Kontakt halten, wie Sie Ihre Freizeit gestalten, wie Sie »Familie« leben? Und dann finden Sie das Besondere an Ihrer Sexualität. Daran, wie Sie sexuell denken, fühlen, handeln. Sie können sich diese Gedanken in Sätzen machen oder aber in Stichworten wie in einem Cluster (Cluster, siehe Kapitel »Intuitive und kreative Schreibtechniken«, Seite 199). Schreiben Sie abschließend einen Text mit der Überschrift »Das Besondere an mir« – das kann in einem Gedicht geschehen (siehe Kapitel »Intuitive und kreative Schreibtechniken«, Seite 200), in einem formlosen Text oder beispielhaft in einer Erzählung. Sie können aber auch ein fiktives Gespräch mit einer guten Freundin führen, in der Sie ihr von Ihren Besonderheiten erzählen.

Wenn Sie möchten, können Sie einen Brief an Ihren Partner schreiben mit dem Titel: »Weißt du, was das Besondere an meiner Sexualität ist?« Die Antworten können Sie ihm anschließend in einem Listengedicht (siehe ebs. Kapitel »Intuitive und kreative Schreibtechniken«, Seite 204) schreiben:

»Das Besondere ist ...«

Kindheit und Pubertät – von Doktorspielen bis zum ersten Mal

Wussten Sie, dass ungeborene Buben bereits im Mutterleib eine Erektion haben können und weibliche Feten eine entsprechende Veränderung an der Vagina zeigen? Dies haben Untersuchungen belegt.

Wir sind schon vor unserer Geburt sexuelle Wesen. Auf spielerische und auch lustvolle Weise erkunden Kinder nach und nach ihren Körper und haben dazu von klein an viele Fragen. Herrlich unbefangen gehen sie damit um. Hier stellt sich die Frage, wie Eltern einerseits auf diese lustvolle Erkundung und auf die natürliche körperliche Entwicklung ihrer Kinder eingehen, und andererseits grundsätzlich mit Gefühlen, Körperlichkeit und Bedürfnissen umgehen. Eine entspannte »Sexualerziehung« und »Aufklärung« setzt demzufolge mit der Geburt ein und hat auf den ersten Blick wenig mit vermeintlicher »Sexualerziehung« zu tun. Sexualität ist viel mehr als Fortpflanzung, Liebe, Kamasutra, sie ist ein altersbedingter Entwicklungsprozess mit zahlreichen Facetten. Sexualität ist kein abgetrennter Bereich von uns, sondern eng mit unserer Persönlichkeit verwoben. Die sexuelle Entwicklung bei Kindern bezieht sich auf andere Bereiche, als wir Erwachsene das vermuten. Ebenso ist kindliches Begehren nicht das Gleiche wie das sexuelle Begehren von Erwachsenen. Sie beobachten genau und spielen Situationen nach, die sie als aufregend erlebt haben. Dabei wollen sie mehr über Gefühlswelten verstehen und erfahren.

Kindliche sexuelle Entwicklung ist eng daran geknüpft, wie Eltern und schließlich die Kinder selbst umgehen mit:

- eigenen Bedürfnissen,
- eigenen Gefühlen (wie reagieren Eltern und in Folge ihre Kinder darauf, wenn nicht auf Bedürfnisse eingegangen wird, wie dürfen Gefühle ausgelebt werden),
- Körpergefühl (Dürfen Körperlichkeiten und Sinnlichkeiten genossen werden?),
- Beziehungen (Wie fühlen sich Eltern und ihre Kinder angenommen und geliebt),
- dem eigenen Geschlecht (Fühlen sich Eltern bzw. Kinder wohl damit, Mann oder Frau zu sein, wie selbstverständlich wird mit der Geschlechtlichkeit umgegangen, welche Aussagen werden diesbezüglich gemacht, die später eventuell zu unbewussten Glaubenssätzen werden, wie reagieren die Eltern auf kindliche Spiele mit dem Geschlecht, wie wird Nacktheit beim Baden, Anziehen, Wickeln gelebt etc.).

Gerade die frühe Kindheit und später die Pubertät sind zwei sehr prägende Phasen, was die Entwicklung und Entfaltung unserer eigenen Sexualität betrifft. Im Laufe dieser Jahre lernen wir in verschiedenen Etappen, uns einen persönlichen Umgang mit unserer Sexualität anzueignen. Dieser Lernprozess beginnt damit, wie uns unsere Eltern berührt haben, wie wir uns selbst berührt haben, führt über geschlechtsspezifische Spiele, wie Puppenspiele, Türme bauen, Doktorspiele bis hin zur Selbstbefriedigung und den ersten sexuellen Erfahrungen mit jemand anderem.

Die Tabuisierung der Sexualität und auch der vorsichtige Umgang mit ihr, etwa weil man um jeden Preis vermeiden will, des Sexismus bezichtigt zu werden, führen oft bei den Pflegepersonen, meistens sind das die Eltern, dazu, schon bei kleinen Kindern vermeidend mit dem Geschlecht umzugehen. So werden vielleicht beim Wickeln liebevoll und lächelnd Bauch, Beine und Arme berührt, aber sobald man beim Geschlecht ankommt, kann schnell verlegene Stille herrschen, man bemüht sich, so hastig, sachlich und funktionell wie möglich zu bleiben und verliert auch keine Worte darüber bzw. benennt es nicht. Damit kann der Keim zu Scham und Schuldgefühlen gelegt werden. Sexualpädagogen empfehlen, die Geschlechtsteile genauso fürsorglich wie die anderen Körperteile zu behandeln und sie auch zu benennen, jedoch nicht mit Kosenamen, sondern neutral, wie »Penis« und »Scheide«. Sollten Sie von Handlungen wie Baden, Wickeln, Körperpflege allerdings angeregt werden, ist das zunächst einmal kein Grund für Schuldvorwürfe, weil es ein natürlicher Reflex sein kann. Vorsicht ist dennoch geboten. Die Neutralität ist nicht mehr gegeben. In diesem Falle sprechen Sie bitte mit Ihrem Partner darüber und unterlassen diese Handlung.

In jenen Kindheits- und Pubertäts-Jahren eigenen wir alle uns viel von dem an, was später unsere Persönlichkeit ausmacht und für die gelebte Sexualität hinderlich oder förderlich sein kann – auch wenn einiges davon auf den ersten Blick nichts mit Sexualität zu tun hat. Diese Aneignung passiert aktiv und passiv – passiv über die Sozialisierung im Elternhaus, Kindergarten, durch Freunde etc. und aktiv durch unsere eigenen positiven und negativen Erfahrungen. Einige literarische Stellen aus Büchern belegen eindrucksvoll, was ich aussagen möchte:

》 *Im Gegensatz zu dem, was meine Mutter wollte, habe ich in der Therapie über die Jahre gelernt, dass ich auch ein sexuelles Wesen bin. Ich lerne ganz langsam, meine eigene Lust überhaupt wahrzunehmen. ... Meine Mutter hat mich sehr feministisch erzogen. Ich glaube, da ist irgendwas schiefgelaufen in der Erziehung, und ich bin eine Art sexuelle Katholikin geworden. Ich habe mich noch nie selbst befriedigt. Das Einzige, das im weitesten Sinne unter Selbstbefriedigung fällt, ist ein ganz verschämtes Im-Schamhaar-Rumkratzen.*
(AUS: CHARLOTTE ROCHE: SCHOSSGEBETE)

》 *Ich wußte nicht, dass man dabei blutet. Er fragt, ob es mir weh getan habe, ich sage nein, er sagt, daß er glücklich darüber sei. Er wischt das Blut ab, er wäscht mich. Ich schaue ihm zu. Unmerklich kommt er zurück, wird wieder begehrenswert. Ich frage mich, woher ich die Kraft gehabt habe, mich dem von meiner Mutter verhängten Verbot zu widersetzen. Mit solcher Ruhe, solcher Entschiedenheit. Wie ich es fertiggebracht habe, ›die Idee bis zum Äußersten zu treiben‹.*
(AUS: MARGUERITE DURAS, DER LIEBHABER)

» *Genauso wie mein Vater mir jedes Mal auf der Schulter sitzt, wenn ich Pfannkuchen für die Kinder mache. Alles muss perfekt sein, für Papa, damit er seine Tochter liebt, alles funktioniert nur über Leistung. Genauso habe ich meine Mutter auf der anderen Schulter sitzen, wenn ich meinem Mann einen blase. Sie hasst Männer. Sie hasst Schwänze. Als ich ein Kind war, hat sie mir ständig erzählt, dass Männer nur zum Kinderzeugen gut sind, sie hatte jedenfalls null Spaß an Sex.*
(AUS: CHARLOTTE ROCHE: SCHOSSGEBETE)

» *Wie hatte er Goldmunds Seele mit Träumen füllen können, die dem Kern dieser Seele so fremd waren?*
(AUS: HERMANN HESSE: NARZISS UND GOLDMUND)

Schreibanregungen

Was ist Ihr erstes sexuelles Erlebnis, an das Sie sich erinnern können? Vergessen Sie bei dieser Frage nicht, dass Sexualität in der Kindheit etwas anderes bedeutet. War es ein Doktorspiel, ein neugieriges Abtasten des Bruders in der Badewanne, ein »besonderes Bussi«, das Sie Ihrem Kindergartenfreund gegeben haben …? Schreiben Sie darüber. Versuchen Sie, sich möglichst viele Details dieses Erlebnisses in Erinnerung zu rufen. Schreiben Sie auch, wie Sie sich dabei gefühlt haben. Ob Sie vielleicht lachen mussten oder ob es sich verboten angefühlt hat oder einfach neu.

Schreiben Sie nun weitere Spiele auf, die Sie in Ihrer Kindheit gespielt haben und die eine geschlechtliche Orientierung hatten. Zählen Sie sie einfach auf – man muss nicht über alles im Detail nachdenken. Oft reicht es für das Unterbewusstsein vollkommen, solche Anregungen zu bekommen. Nicht selten sind spezielle Erinnerungen ein Geschenk, vielleicht kommen Glaubenssätze auf, mit denen Sie dann weiterarbeiten können.

Oft fällt es Eltern schwer, über das Thema Sexualität und Liebe zu reden – als Kind weiß man daher meistens nicht, wie die eigenen Eltern mit ihrer Sexualität umgegangen sind. Erst als erwachsene Person bemerkt man, dass auch die Eltern solche Bedürfnisse haben und bestimmt auch hatten.

Machen Sie dazu folgende zweigeteilte Übung:

- Dinge, die mir meine Mutter (mein Vater) nie gesagt hat.
- Dinge, die ich meiner Mutter (meinem Vater) nie gesagt habe.

Es geht bei dieser Übung nicht darum, darüber nachzudenken, ob Ihre Eltern ihre sexuellen Praktiken mit Ihnen geteilt haben oder Sie Ihre mit ihnen. Vielmehr um Grundlegendes, wie das generelle Verhältnis Ihrer Eltern zu Sexualität oder allgemeine »aufklärende« Aussagen oder Worte zur Liebe. Möglicherweise bemerken Sie als erwachsene Frau, dass Ihre Mutter Ihnen kein einziges Mal gesagt hat, wie sehr sie Ihren Vater liebt oder dass Sex etwas Schönes ist oder dass man sich nicht schämen muss, wenn man den Penis eines Mannes angreift. Und umgekehrt haben Sie Ihrer Mutter vielleicht nie erzählt, dass Sie den ersten Kuss vom Nachbarsjungen bekommen haben, dass Sie nach Ihrem ersten Sex tagelang nicht schlafen konnten, weil Sie nicht damit umzugehen wussten, oder vielleicht dass Sie sich heimlich die Pille besorgt haben, bevor sie Ihnen dazu geraten hat. Was auch immer es ist, es kann sein, dass Ihnen bei dieser Übung längst Vergessenes wieder einfällt oder dass Ihnen klarer wird, wie Sie selbst sind und handeln.

Schreiben Sie eine Liste mit hundert ersten Malen in Ihrer Kindheit/Jugend, an die Sie sich heute noch erinnern können – sie müssen nicht unbedingt mit Liebe und Sexualität zu tun haben, erinnern Sie sich aber auch an jene ersten Male. Schreiben Sie so schnell wie möglich, ganze Sätze müssen nicht sein, es darf auch Wiederholungen geben (zu »seriellem Schreiben« siehe Kapitel »Intuitive und kreative Schreibtechniken«, Seite 204) Beginnen Sie jeweils mit: »Ich erinnere mich an ...« Zum Beispiel an: meine erste Radfahrt, mein erstes Mal am Meer, meinen ersten Schluck Alkohol, meinen ersten Kuss, meinen ersten Streit mit meiner Freundin, meine erste blutende Wunde, meine erste Nacht bei meiner Freundin, meinen ersten Besuch in einer Diskothek, meine erste Verliebtheit, meine erste Party usw.

Dann suchen Sie sich ein Erlebnis heraus und schreiben so darüber, als ob Sie diese Geschichte einer guten Freundin erzählen würden: »Weißt du, was mir gerade eingefallen ist? Als ich ungefähr zehn Jahre alt war, ...«

Schreiben Sie noch einmal eine Liste, und zwar mit den Namen all jener Personen, denen Sie im Laufe Ihrer Kindheit und Jugend ein Stück Herz geschenkt haben. Ob das nun Ihr Kindergartenfreund oder Ihre beste Freundin in der Schule war. Schreiben Sie die Namen einfach ungeordnet auf, die Chronologie ihres Auftretens spielt keine Rolle. Durch dieses Listen-Schreiben wird unser Unbewusstes intensiv angeregt und oft tauchen dabei unerwartete Erinnerungen als Geschenke auf.

Die erste Menstruation ist ein symbolischer Einschnitt. Können Sie sich noch erinnern, wie dieses Erlebnis für Sie war? Haben Sie sich gefreut oder waren Sie noch nicht bereit für die Veränderungen, nun eine Frau zu werden? Wie wurde in Ihrer Familie damit umgegangen? Wurde darüber gesprochen, wurde es vielleicht sogar gefeiert, wurde es ignoriert? Schreiben Sie darüber.

In der Pubertät beginnt das Alter, wo wir »dazugehören« wollen. Wo wir so unbedingt dazugehören wollen, dass wir sogar unsere Identität opfern. Individualität ist in jenen Jahren wenig gefragt. Wenn man sich plötzlich erwachsen fühlt oder so fühlen möchte, macht man vieles, um dies zu demonstrieren. Auch solche Sachen,

die nicht unbedingt dem eigenen Wunsch entsprechen und die möglicherweise sogar angst-
besetzt sind. Wir spielen »Flaschendrehen« und
küssen jemanden, den wir gar nicht küssen
wollen, oder wir geben uns cool und versuchen
in der Diskothek, einen Jungen »anzubaggern«.
Denken Sie an solche »Übergangsriten«, die in
diesem Fall speziell mit der beginnenden Sexualität zu tun hatten, und schreiben Sie darüber so
sinnlich wie möglich: Haben Sie eine bestimmte
Musik gehört, hat es vielleicht einen besonderen
Geruch gegeben, erinnern Sie sich an Farben
oder Gespräche …?

In den jungen Erwachsenenjahren gibt es viele
Situationen, in denen wir eine Art von Unschuld
verlieren. Erzählen Sie über eine davon.

Machen Sie Ihre Augen zu und denken noch
einmal an Ihre Kindheit. Lassen Sie dabei das
Thema Sexualität nun beiseite. Denken Sie an
einen Moment zurück, in dem Sie einen »starken Ruf« verspürt haben. Also einen Ruf danach,
etwas ganz Bestimmtes zu tun, so als wäre es
eine Bestimmung, zum Beispiel auf einer Bühne
stehen zu wollen. Dann schreiben Sie rund 15 Minuten zu folgendem Thema:

»Ich wusste immer schon, eines Tages würde
ich …

… Tänzerin werden.«

Manche schreiben über Berufsträume, andere über verrückte Handlungen wie »ungesichert klettern« oder über Visionen wie »die Wale retten«, andere wiederum über Lebensträume, wie »vier Kinder und ein großes Haus«. Die Übung, sich damit zu beschäftigen, was Sie immer schon tun wollten, hat auf den ersten Blick vielleicht für Sie nichts mit dem Hauptthema dieses Buchs zu tun. Aber: Ich möchte noch einmal darauf hinweisen, dass eine erfüllende Sexualität sehr viel mit einer zufriedenen Persönlichkeit, mit einem erfüllten Leben zu tun hat. Damit, wie gut Sie sich um sich selbst kümmern. Und in diesem Zusammenhang können Lebensträume, Begabungen, Talente, und wie sie jeweils gelebt werden, wichtige Rollen spielen. Sich dabei einen »frühen Ruf« in Erinnerung zu holen, ist manchmal sehr aufschlussreich und oft auch beglückend. Diese Erfahrung möchte ich Ihnen nicht vorenthalten.

Versuchen Sie abschließend einem Kind zu erklären, was Sexualität bedeutet. Ein kleines Kind versteht noch keine abstrakten Begriffe wie Liebe, Leidenschaft, Lust. Ein Kind muss sich all das sinnlich und in konkreten Beispielen vorstellen können. Schreiben Sie einen kurzen lebendigen, bildhaften und vielleicht poetischen Text über Sexualität. So wäre es denkbar, »Lust« mit dem Gusto nach einem besonderen Stück Schokolade zu vergleichen. Eine Schokolade, die wir hüten wie einen Schatz, so kostbar ist sie uns. Und wenn wir uns entscheiden, sie jetzt zu essen, freuen wir uns besonders darauf, begehen diesen Moment mit großer Aufmerksamkeit: holen sie langsam aus der Verpackung, betrachten sie mit liebevollen Augen, spüren, wie uns das Wasser im Mund zusammenrinnt, betasten sie und genießen sie schließlich mit allen Sinnen und mit viel Ruhe.

Vielleicht entdecken Sie dadurch eine Perspektive auf Sexualität, die Ihnen bisher unbekannt war. Diese Übung hat auch etwas Spielerisches. Lassen Sie das zu!

Wenn sich Gedanken festsetzen ...

Was ist die schärfste erogene Zone in unserem Körper? Unser Gehirn! Ja, Sextherapeuten sprechen davon, dass das Gehirn sogar unser wichtigstes Sexorgan ist.

Was ist mit dieser Aussage konkret gemeint? Zum einen tatsächlich der Aufbau des Gehirns, also das Reptiliengehirn, das Säugetiergehirn und der Neokortex. Die ersten beiden sind in erster Linie für Triebhaftigkeit und hormonelle Vorgänge verantwortlich. Der Neokortex hingegen sorgt dafür, dass Sexualität etwas Persönliches wird. Dieses »neokortikale Begehren« allerdings ist zu kultivieren. Nach Schnarch geht es darum, dass *wir* das Begehren erzeugen. Ein »Sich-Vergessen« in Situationen, die von Erotik und Sinnlichkeit getragen sind, setzt eine grundsätzliche Denkfähigkeit und Vorstellungskraft voraus. Und zwar insofern, als wir das Begehren bewusst erzeugen und mit unseren Fantasien und Gedanken neue Möglichkeiten ersinnen.

Zum anderen ist mit eingangs erwähnter Aussage die Tatsache gemeint, dass Geist und Körper eine Einheit sind.

Alles, was sich im Körper abspielt, hat eine Auswirkung auf unser Denken, und umgekehrt hat unser Denken eine Auswirkung auf die Reaktionen unseres Körpers. Wenn wir etwa beruflich gerade stark unter Stress stehen und unser Gehirn voll mit Gedanken an die Arbeit ist, wird es schwer werden, dieses Begehren zu erzeugen. Unser Gehirn ist mit etwas anderem beschäftigt.

Meist gehen wir davon aus, dass sexuelle Erregung nur über Sinnesreize erfolgt. Unsere Stimulationsfähigkeit ist aber in erster Linie davon abhängig, wie wir die Sinnesempfindungen bewerten und mental verarbeiten. Und da wird es schon komplizierter. Denn da spielen aktuelle Befindlichkeiten, die Beziehung zu Ihrem Partner, eventuell ungelöste Probleme mit ihm und verschiedene, oft unbewusste Glaubenssätze eine Rolle. Unter Glaubenssätzen verstehen wir Gedanken, die so tief in uns verankert sind, dass wir sie als wahr erachten und danach leben. Oft kommen Glaubenssätze noch aus der Kindheit, sind also vielleicht Aussagen, die Sie als Kind immer gehört und ungefragt übernommen haben, die aber heute für Sie als erwachsene Frau nicht mehr zutreffen. Glaubenssätze sind zum Beispiel Aussagen wie »Ich darf meine Kontrolle nicht verlieren« oder »Eine anständige Frau darf ihre Lust nicht zeigen« oder »Frauen müssen erobert werden«, »Meine Bedürfnisse sind nicht so wichtig« usw.

Auch Tabus können eine Rolle spielen, wie wir eine sexuelle Situation bewerten. Es kann zum Beispiel sein, dass Ihr Partner beginnt, Sie an den Genitalien zu küssen und Sie diesen Sinneseindruck als angenehm empfinden. Aus irgendwelchen Gründen aber ist für Sie Oralsex ein Tabu? Ihre Gedanken werden die angenehme Sinnesempfindung noch im Keim ersticken, vermutlich wird sich Ihre Körperhaltung und Körperspannung verändern, Ihre Atmung wird nicht mehr frei fließen und es wird völlig unmöglich, diese sexuelle Begegnung zu genießen. Hier ginge es nun darum zu überprüfen, woher diese Einstellung gegenüber Oralsex kommt und ob die Argumente heute noch passend sind.

Ebenso spielen unsere »dunklen« Seiten, unsere »Schatten« in die sexuelle Begegnung hinein. So ist es denkbar, dass Aspekte unserer Sexualität uns möglicherweise Unbehagen verursachen, weil wir sie als »nicht passend«, als »moralisch nicht vertretbar« oder als »nicht beziehungskompatibel« empfinden. Angenommen, Sie sind in Ihrer Familie stets die »Sanfte«, im Alltag, mit den Kindern, mit Ihrem Partner. Im Sex aber möchten Sie so gar nicht die Sanfte sein, haben aber Angst, dass diese »unbekannte« Seite womöglich vor den Kopf stoßen oder zumindest irritierend wirken könnte. Wichtig wäre es nun, seine »dunklen Seiten« zu integrieren, anzunehmen, denn als Schatten sind sie immer nur so lange zu bezeichnen, so lange wir sie leugnen.

Unsere Gedanken können uns also behindern, und dies nicht nur in der Sexualität. Aber Gedanken sind formbar und lassen sich verändern. Sich daher solche Verbote und Gebote, Mythen und Tabus genauer anzusehen, woher sie kommen und welche Bedeutung sie heute noch haben, gehört zur sexuellen Entwicklung dazu. Auch zielen viele Meditationstechniken darauf ab, unsere Gedanken zu verändern. Es geht darum, uns selbst und unseren permanenten Gedankenfluss zu beobachten und uns dabei immer wieder zu hinterfragen.

Unsere Gedanken beeinflussen aber nicht nur uns selbst, sondern auch die Personen, mit denen wir umgehen. Vielleicht kennen Sie die »Geschichte mit dem Hammer«, die der Psychotherapeut, Soziologe und Kommunikationswissenschaftler Paul Watzlawick in seinem humorvollen Buch »Anleitung zum Unglücklichsein« erzählt und in der sich eine Gedankenspirale entwickelt: Ein Mann möchte ein Bild aufhängen, hat aber keinen Hammer. Er beschließt, sich einen Hammer von seinem Nachbarn zu leihen. Und in diesem Moment kommen ihm Zweifel, ob der Nachbar ihm den Hammer überhaupt leihen will, er hätte ihn vor Kurzem nicht einmal richtig gegrüßt. Vielleicht war er nur in Eile, aber vielleicht kann er ihn auch nicht leiden. Wieso kann er nicht einfach einen Hammer verborgen, wie andere Leute auch? Warum bloß muss der Nachbar so ein Ekel sein und ihm damit das Leben vergällen? Während er sich also auf den Weg zum Nachbarn macht und mehrere Stockwerke überwindet, werden die Zweifel über die Einstellung des Nachbarn in ihm gegenüber immer lauter, bis er schlussendlich wutentbrannt bei der Tür seines Nachbarn ankommt, klingelt und als dieser die Tür öffnet, ihn anbrüllt, er könne sich seinen Hammer an den Hut stecken.

Mag sein, dass diese Geschichte übertrieben ist. Aber bekannt wird uns eine solche Situation wohl vorkommen. Es kann passieren, dass wir uns in unsere eigenen Gedanken und Wahrnehmungen hineinsteigern, dadurch unser Verhalten beeinflussen lassen und so den anderen Personen gegenübertreten, die vielleicht völlig unschuldig über unsere Reaktion staunen werden. Und sie müssen ebenfalls irgendwie reagieren. Wir können uns übrigens genauso gut selbst in der Rolle des Nachbarn wiederfinden, in der wir die überfallsartige Aggression des anderen nicht nachvollziehen können und uns keiner Schuld bewusst sind. Sich seine Gedanken bewusst zu machen und zu schauen, woher sie kommen, was dahintersteckt, wie gültig sie sind ist daher eine sehr sinnvolle Aufgabe.

>> *Obwohl ihm vom Ziel der Menschwerdung mehr bewußt ist als den Bürgern, macht er doch die Augen zu und will nicht wissen, daß das verzweifelte Hängen am Ich, das verzweifelte Nichtsterbenwollen der sicherste Weg zum ewigen Tode ist, während Sterbenkönnen, Hüllenabstreifen, ewige Hingabe des Ichs an die Wandlung zur Unsterblichkeit führt.*
(AUS: HERMANN HESSE, STEPPENWOLF)

>> *Mir fällt es oft sehr schwer, mich ganz auf den Moment einzulassen. Manchmal wünsche ich mir, es gäbe einen Ausschaltknopf für meinen Kopf. Dann wäre vieles einfacher.*
(SUSANNE H, WIEN)

Schreibanregungen
Schreiben Sie eine Liste mit Ihren sexuellen Tabus. Wobei mit Tabu alles gemeint sein kann, auch Praktiken, die Sie zwar in Ordnung finden, die Sie sich aber vielleicht nicht trauen umzusetzen. Beginnen Sie jede Zeile mit:

»Tabu ist ...«

Und dann schreiben Sie alles auf, was Ihnen einfällt.

Als Nächstes machen Sie sich bitte Gedanken zu folgenden Fragen:

Wie denken Sie über Sex?

Wie denken Ihrer Meinung nach ande-
re Frauen und Männer über Sex, wie Ihr
Partner?

Glauben Sie, dass Männer bzw. Frauen beim
Sex bestimmte Rollen und Aufgaben haben
oder übernehmen sollten?

Entsprechen Sie dieser Rolle? Möchten Sie ihr
entsprechen?

Wissen Sie, wie Ihre Eltern über Sexualität ge-
dacht haben?

Können Sie sich an Sätze erinnern, die Sie in
Ihrer Kindheit in Bezug auf Sexualität, Frau-
en, Männer, Partnerschaft wiederholt gehört
haben?

Spielen diese Sätze in Ihrem heutigen Leben
eine Rolle?

Sehen Sie sich nun noch einmal die Liste mit
Ihren Tabus an. Seien Sie ehrlich mit sich. Nehmen Sie jedes Tabu her und überlegen Sie sich
dabei jeweils:

... ob das Tabu für Sie noch Sinn macht,

... welcher Glaubenssatz sich dahinter ver-
stecken könnte,

… woher Sie diesen Glaubenssatz übernommen haben, ob er wirklich Ihre Stimme
ausdrückt,

… wie sich dieser Glaubenssatz vielleicht
auch in anderen Bereichen des Lebens
ausbreitet,

… ob dieser Glaubenssatz seine Berechtigung hat,

… ob Sie diesen Glaubenssatz noch
brauchen,

… wie es sich anfühlt, diesen Glaubenssatz zu
haben: Tut er Ihnen gut? Welches Bild haben
Sie dabei von sich? Wie reagiert der Körper,
wenn Sie an diese Aussage denken?– Wie
ist die Körperspannung, wie die Atmung, wie
die Körperhaltung?

… Wie wäre es, wenn Sie diesen Glaubenssatz nicht mehr bräuchten? Was würde sich
mit Ihnen und Ihrem Körper verändern und
wie würde sich das auf Ihre Mitmenschen
auswirken?

Könnten Sie stattdessen einen anderen
Glaubenssatz haben?

Lassen Sie Ihren Gedanken einfach freien Lauf
bei diesen Fragen, erlauben Sie sich ehrliche
Antworten.

Wenn Ihnen bei dieser Übung ein Glaubenssatz besonders ins Auge sticht, der Sie vielleicht im Leben behindert und an dem Sie gerne arbeiten möchten, so können Sie sich diesen separat auf einen Zettel schreiben und ihn sichtbar anbringen, so dass Sie öfter »darüberstolpern« und an ihn erinnert werden.

Malen Sie sich nun eine konkrete sexuelle Situation aus und stellen Sie sich dabei vor, dass Sie ein Tabu, das heute für Sie keine Gültigkeit mehr hat, nun tatsächlich fallen lassen. Wie wirkt sich das auf Ihre Sexualität aus? Denken Sie an alle Details und schreiben Sie frei und schamlos. Genießen Sie diesen Moment, als würden Sie ihn gerade erleben!

Welche »dunklen Seiten« an Ihnen fallen Ihnen ein, wenn Sie an Sexualität denken? Also jene Seiten, die es in Ihnen zwar gibt, die Sie aber nicht wahrhaben möchten. Geben Sie diesen Seiten eine Stimme. Was wollen sie, wie sieht ihre Seite der Geschichte aus, welche positiven Aspekte bringen sie Ihnen, möglicherweise in anderen Bereichen Ihres Lebens? Vielleicht möchten Sie diesen Seiten jeweils einen Namen geben. Zum Beispiel kann es die Susi geben, die immer Appetit auf ausgefallene Sexszenen hat. Dann gibt es die Flora, der verwegene Typen gefallen. Dann gibt es die Julia, die es ihrem Mann einmal so richtig besorgen möchte. Und schließlich gibt es Sie. Reden Sie mit diesen verschiedenen Personen, hören Sie ihnen zu. Welche Wünsche, Bedürfnisse, Sehnsüchte und Eigenschaften stecken hinter diesen für Sie auf den ersten Blick »dunklen Seiten«? Vielleicht bemerken Sie dann auch, dass die »verwegene Flora« Sie schon einige Male aus »schwierigen« Situationen gerettet hat mit ihrer mutigen, unkomplizierten Art, und zwar im ganz normalen Alltagsleben. Vielleicht, weil eben genau jene »verwegene Flora« nicht alles so genau nimmt und Ihnen auch einmal zuflüstert: »Lass jetzt die Arbeit, lass den Haushalt, das kannst du morgen auch noch erledigen, ruf sofort eine Freundin an und mach einen drauf.« Alles hat bekanntlich zwei Seiten. Auch unsere sogenannten Schatten. Sie werden überrascht sein, welche Antworten kommen. Antworten, die Ihnen nicht einfach so einfallen, sondern die sich erst im Laufe Ihres schriftlichen Dialogs offenbaren werden.

Wagen Sie dieses Experiment! Es findet in Ihrem geheimen Buch statt, niemand wird es lesen, Sie aber werden wohl davon profitieren.

Mein Umgang mit Gefühlen

Was für eine Nacht! Sie haben unruhig geschlafen, kaum ein Auge zugetan, haben den Wecker drei Mal auf Snooze gestellt, sind wie gerädert und viel zu spät dran. Jetzt kommen auch Ihre Kinder zur spät zur Schule, wenn Sie sie nicht mit dem Auto bringen. Und gerade heute haben Sie so viel zu tun! Entsprechend grantig wecken Sie Ihre Kinder, ignorieren die liebevolle Umarmung des Jüngsten, machen wortlos Frühstück. Nach dem Arbeitstag haben Sie furchtbar Kopfweh, möchten nur noch ins Bett. Da kommt Ihr Partner mit einer Flasche Wein und Blumen heim. Statt sich zu freuen, denken Sie nur »Oh Gott, was will er bloß?!«, dabei lächeln Sie tapfer. Wie Gefühle unser Erleben und unsere Handlungen beeinflussen, kennen wir vermutlich alle. Auch in der Sexualität spielt die komplexe Ebene der Gefühle eine große Rolle. Und damit meine ich jetzt nicht nur das aktuelle Gefühl zum Partner. Vor allem meine ich hier den persönlichen Umgang mit Gefühlen generell. Also, ob wir sie bewusst erleben, zulassen und sie ausdrücken oder ob wir sie eher ignorieren bzw. unterdrücken.

Wenn Sie an Ihre Kindheit zurückdenken, fällt Ihnen da vielleicht etwas ein, wie Sie mit Ihren Gefühlen umgegangen sind? Angenommen, Sie sind das älteste Kind in Ihrer Familie, das »vernünftige«. Ihre Eltern sind viel beschäftigt, kommen am Abend müde nach Hause. Sie wollen Ihrer Mutter etwas erzählen, Ihre kleine Schwester plappert ebenfalls pausenlos, Ihre Mutter aber hört nicht zu, sie muss erst zu Hause »ankommen«, sich ein paar Minuten entspannen. Sie ärgern sich, weil auf Ihre Erzählung keine Reaktion kommt, weil zudem Ihre Schwester noch lauter redet. Aber Sie sind ja die »Vernünftige«, wollen Ihre Mutter nicht zusätzlich stressen, wollen sie »schützen« und keinesfalls grantig machen, schlucken also Ihren Ärger hinunter, vielleicht sogar eine Wut, die sich mittlerweile eingestellt hat, und verziehen sich in Ihr Zimmer.

Eine grundsätzliche Prägung, wie wir mit Gefühlen umgehen, erfolgt in der Kindheit. Manches wird uns schon in die Wiege gelegt. Unser Grundtemperament etwa. Ob wir zum Beispiel leicht zornig, ängstlich oder wütend reagieren. Wie stark sich eine solche Veranlagung ausprägt, hängt von der Sozialisierung ab. Speziell die ersten drei Lebensjahre werden als wichtig erachtet. Auch unser genereller Umgang mit Gefühlen wird durch die Menschen im Umfeld, im Elternhaus, im Kindergarten, in der Schule und durch Freunde beeinflusst. Wenn negative Gefühle etwa nicht sehr willkommen waren und ich gelernt habe, sie besser nicht zu zeigen, kann daraus ein Muster entstehen, wie ich generell mit negativen Gefühlen umgehe und in weiterer Folge auch, wie ich mit anderen Gefühlen umgehe. Angenommen, ich drücke Ärger nicht aus, weder sprachlich noch mimisch, empfinde ihn aber und mein Verstand nimmt ihn wahr, dann muss mein Körper nun auch darauf reagieren. Nachdem ich ihm keine Stimme gebe, reagiert er vielleicht mit einer unterdrückten Atmung oder mit einer erhöhten Körperspannung in einem bestimmten Bereich. Dort wird mein Ärger »festgefroren«, wenn ich ihn nicht bewusst ausdrücke.

Jedes Gefühl und jeder Gedanke hat direkten und messbaren Einfluss auf unseren Körper – erinnern Sie sich an den expliziten Körper, der ein Spiegel des impliziten Körpers ist. Die rein körperliche Reaktion kann sich anhand von vier Parametern festmachen lassen: Atem (schnell, langsam, tief, flach), Bewegung (Körperhaltung; wie bewegt sich der Körper im Raum), Spannung (wo und wie baut sich Spannung im Körper auf), Rhythmus (wie bewegen sich Körper und Atmung, schnell oder langsam). Das geschieht übrigens auch umgekehrt: Unser Körper beeinflusst unsere Gedanken und Gefühle. Wenn ich mir etwa angewöhnt habe, körperlich wenig Platz zu beanspruchen, mich eher klein zu machen, werde ich mich vermutlich auch so fühlen. Ein weiteres Beispiel dazu: Wenn ich mir bei Freude das Lachen verkneife (Stimme des Atems) und dem Körper keinen Raum gebe (Haltung), bremst dies auch das innere Empfinden der Freude. Bei sexueller Erregung ist das ähnlich – siehe dazu weiter unten »Gefühle und Sexualität«.

Da emotionale Muster oft sehr tief sitzen, ist es nicht immer leicht, sie erstens zu erkennen und zweitens, diese und sich selbst zu ändern. Aber es gibt freilich Möglichkeiten. Eine wichtige Voraussetzung ist, dass unser Gehirn auch im Erwachsenenalter noch formbar ist und dass sich neue Verbindungen durch Übung herstellen lassen. Wir können erlernte Reaktionen und erlerntes Verhalten wieder ablegen und sind nicht dazu verdammt, in alle Ewigkeiten gleich reagieren zu müssen. Oft nützt es schon, in angespannten Situationen einfache Körperübungen auszuführen, etwa die Muskeln zu entspannen und ruhig zu atmen, um nicht wie gewohnt und automatisch zu reagieren.

Um erlerntes Verhalten wieder abzulegen, ist es notwendig, sich dieses bewusst zu machen. Wir können uns dazu zum Beispiel unsere Gedanken und Gefühle neutral ansehen, ohne sie zu bewerten, sie einfach beobachten. Eine gute Methode hierzu ist Achtsamkeit. Achtsamkeit ist in unserer »westlich orientierten« Welt längst zu einem wichtigen Werkzeug zur Entspannung und zur Bewältigung stressbedingter psychosomatischer Störungen geworden. Nach der Sexualtherapeutin Rescio ist Achtsamkeit eine »stille, liebevolle, wertfreie Wahrnehmung dessen, was gerade ist, und weniger das, was sein sollte«. Achtsamkeit ist zugleich eine innere Haltung, die uns mit der Zeit diese besondere Art der Wahrnehmung ermöglicht. Gefordert ist ein Blick, der auf das Hier und Jetzt gerichtet ist. Achtsamkeit ist eine gewisse Art der Meditationspraxis, in der es auch darum geht, sich Schritt für Schritt des eigenen Körpers, des Atems, der Gedanken sowie der Stimmungen und Gefühle bewusst zu werden – in wohlwollender Haltung. Mit laufender Übung können wir uns der unterschiedlichen und zum Teil widersprüchlichen Stimmen in uns gewahr und uns jener Gründe bewusst werden, die ein bestimmtes Gefühl ausgelöst haben. Nicht immer ist nämlich das wahrgenommen Gefühl auch jenes, das bedeutsam ist, manchmal steckt dahinter ein anderes Gefühl, um das es eigentlich geht. Ein Beispiel aus eigener Erfahrung: Wenn meine Kinder mich etwa fragen, ob sie auf ein Zeltfest gehen dürfen, reagiere ich oft aggressiv. Hinter diesem Gefühl steckt aber keine Wut auf das Kind, sondern Sorge. Ein Zeltfest ist meist irgendwo auf dem »Land«

und bedeutet implizit, mit jemandem im Auto mitzufahren und mit dieser Person auch wieder heimzufahren, mitten in der Nacht. Meine eigenen negativen Autoerfahrungen übernehmen hier sofort die Bewertung. Die eigentliche Emotion ist also Angst, dass meinen Kindern etwas passieren könnte, und weil mich diese Angst stresst, reagiere ich aggressiv.

Apropos Stress: Stress entsteht ebenfalls aus bestimmten Gefühlen heraus, etwa aus einem Gefühl der Angst, wie in meinem Beispiel, oder aber aus einem Gefühl der Überforderung, der Wut etc. Es kann sehr entlastend sein, sich die persönlichen Gründe für Stress bewusst zu machen. Gerade was die Sexualität betrifft, kann das Gefühl von Stress hinderlich und lusthemmend sein. Statistiken zufolge geben viele Menschen als Grund für ihre sexuelle Unlust den Faktor Stress an. Achtsamkeit kann helfen, denn sie bedeutet immer auch eine Entschleunigung, und gerade diese ist ein wichtiger Schlüssel zu unseren Gefühlen.

Eine regelmäßige Praxis der Achtsamkeit kann uns somit helfen, einen bewussteren Umgang mit unseren Gefühlen, Gedanken und körperlichen Ausdrücken zu lernen, zu leben und damit insgesamt in unserer Persönlichkeit zu wachsen. Wie sagte eine Figur in Flašar »Ich nannte ihn Krawatte« so schön? Dass man sich nie schämen sollte, ein Mensch mit Gefühlen zu sein. Egal, wie innig und tief sie sind.

Aus zu viel Scham ausbrechen

Schamgefühle spielen gerade in der Sexualität eine Rolle, deshalb widme ich diesem Gefühl einen eigenen Abschnitt. Mein Ziel mit diesem Kapitel ist es, Ihnen ein bisschen die Scham zu nehmen, sollten Sie zu viel davon empfinden. Scham ist etwas Menschliches und ein gesundes, sogar notwendiges Gefühl. Ein Zuviel davon kann aber hinderlich sein und krank machen, dann nämlich, wenn sie sich wie eine schwere Decke über unser Leben legt, Freude und Elan dämpft und uns wünschenswerte und an sich schöne Dinge nicht mehr tun lässt. Nicht selten ist Scham die Ursache von Perfektionismus, Sucht, Angststörungen, Schuldgefühlen oder Aggressivität. Das Thema wird in Literatur und Forschung ausführlich behandelt.

Der obere Blusenknopf platzt ausgerechnet bei einer großen Besprechung, Sie stolpern, als Sie aus dem Bus steigen, im Supermarkt fällt Ihnen eine Flasche Wein zu Boden, in der Apotheke verlangen Sie nach einer Packung Kondome. Wir alle haben schon Scham erlebt. Auch Kinder kennen bereits Scham, sie entwickelt sich ab einem Alter von eininhalb, zwei Jahren. Ob Scham nur anerzogen oder zum Teil auch angeboren ist, dazu gibt es verschiedene wissenschaftliche Meinungen. Mit Erziehung hat Scham in jedem Fall zu tun. Schamgefühle sind etwas Natürliches und haben ihre Berechtigung. Scham – etwa als wichtige evolutionäre Anpassung gesehen – hat auch ihren »Nutzen«, indem sie uns davor bewahrt, etwas zu machen, was innerhalb einer bestimmten Gesellschaft abgewertet oder gar geächtet wird; schamvolles Verhalten ist ein entscheidender Mechanismus für den Zusammenhalt in Gruppen. Auch ist es letztlich die Scham, die unsere Intimität schützt.

Scham kann uns regelrecht überfallen und wirkt, wie andere Gefühle auch, körperlich: Wir senken den Blick, möchten sprichwörtlich im Boden versinken, können nicht mehr sprechen, gehen in eine gebeugte Haltung über etc. Scham ist ein Gefühl der Verlegenheit oder Bloßstellung, das entweder durch Verletzung der Intimsphäre auftreten kann oder aber auf dem Bewusstsein beruht, durch bestimmte Handlungen den sozialen Erwartungen oder Normen nicht entsprochen zu haben. So schnell wie Scham auftritt, so schnell verschwindet sie üblicherweise auch wieder. Scham ist demnach etwas Echtes, Authentisches.

Das Gefühl der Scham kann in allen möglichen Lebensbereichen auftreten, nicht nur in der Sexualität, und entsteht
oft nur in Gedanken, nachträglich etwa, wenn wir uns selbst
kritisch beobachten und bestimmte Handlungen als peinlich
beurteilen. Wobei dieses Gefühl der Peinlichkeit noch nichts
über das tatsächliche Fehlverhalten aussagt, denn das, was
als peinlich erlebt wird, ist stark abhängig von Kultur und
Zeit. Und mit Kultur meine ich nicht nur die großen Kul-
turkreise unserer Erde, sondern durchaus auch die kleinen
Szenen und Gruppierungen innerhalb einer, sagen wir, bestimmten Gemeinschaft, zum Beispiel Schule, Arbeitsplatz,
Dorf etc. Das, wofür Sie sich schämen, kann für andere zum
Beispiel etwas Selbstverständliches sein, etwas, wofür man
sich nicht zu schämen hat.

Bedeutend erscheint mir Folgendes: Im Augenblick der
Scham sehe ich mich mit den Augen eines anderen, und dieser andere oder dieses andere verkörpert entweder eine von
mir anerkannte Autorität oder ein bestimmtes Ideal, dem
ich nachstrebe. Mein Verhalten oder meine Gedanken erscheinen mir in dieser Situation als moralisch antastbar, ich
bin fehlbar geworden. Insofern hat Scham immer etwas mit
Reflexivität zu tun, mit der Fähigkeit, sich selbst als ein mo-
ralisches Wesen wahrzunehmen. Scham hat aber auch wesentlich damit zu tun, mit wessen Augen ich mich sehe bzw.
welchem Ideal ich nachzustreben versuche. Dabei spielen
offensichtlich wieder Glaubenssätze eine Rolle. Was in mir
sagt mir, wem ich zu gefallen habe oder was ich als Ideal
empfinde, dem zu unterwerfen ich mich bereit erkläre. Es
sollte daher eine stets berechtigte Frage sein, ob die Instanz,
die ich gewählt habe, auch die richtige für mich selbst und
für diese Situation ist. Hier kommen erneut die Glaubenssätze ins Spiel sowie deren Ursache und Wahrheitsgehalt.

Angenommen, meine Mutter gilt mir in vielen Lebensbereichen als tadellos; und unbewusst möchte ich ihr auch
in meinem eigenen Erwachsenenleben nacheifern und ihr ge-

fallen. Dann können mir Situationen peinlich sein, die etwa meiner Freundin niemals peinlich wären. Umgekehrt ist es genauso denkbar: Meine Mutter erscheint mir in vielen Situationen als fehlbar, und ich möchte genau das Gegenteil von meiner Mutter sein. Sollte ich doch einmal ähnlich wie sie reagieren, erschiene mir das als peinlich, selbst wenn das Verhalten ohne diese Prämisse nicht peinlich für mich wäre. Jedes Verhalten, das für mich mit Scham besetzt ist, werde ich vermeiden. Wenn dieses Verhalten nun aber in irgendeiner Weise doch attraktiv für mich erscheint, habe ich einen Konflikt. In vielen Fällen ist uns jedoch nicht bewusst, dass hinter diesem Konflikt oder hinter einem Vermeidungsverhalten Instanzen und Ideale stecken, die überprüft werden sollten. Grundsätzlich ist nichts dagegen einzuwenden, wenn wir uns für etwas schämen. Überhaupt nicht. Wir sollten bloß für uns selbst überprüfen, ob Scham in der entsprechenden Situation das »richtige« Gefühl ist oder ob wir uns »umsonst« schämen und uns damit belasten.

Was Scham nun in der Sexualität betrifft, so ist es als Tatsache zu sehen, dass nur wenige Menschen frei von Schamgefühlen sind. Dabei schämen sich Frauen mehr für ihren Körper und ihre Gefühle, Männer für ihre Leistung im Bett, wie der Psychiater Günther Seidler in einem Emma-Artikel schreibt. Vermutlich spielen hier Glaubenssätze eine Rolle, die viele von uns verinnerlicht haben, aber auch die bisherigen Erfahrungen und erlebte Vorbilder. Die »Angst vor der Blöße«, wie es in einem interessanten GEO-Artikel heißt, unterscheide übrigens die Menschen von anderen Lebewesen und ist allen Gesellschaften gemeinsam, selbst den Naturvölkern, die nackt leben. So wird von einem Stamm in Neuguinea berichtet, der strenge Blick-Tabus pflegt. Ein evolutionsbiologischer Erklärungsversuch für die Scham könnte sein, dass die Menschen ohne Schamgefühl pausenlos an Sex denken müssten und sonst keiner anderen Arbeit konzentriert nachgehen könnten.

Scham in der Sexualität ist also etwas Natürliches. Übertriebene Scham allerdings verhindert, dass wir Sexualität genießen können. Wie wir diese übertriebene Scham ablegen? Dafür gibt es kein allgemein gültiges Geheimrezept. Immer aber wird es dazu mehrerer Schritte bedürfen und Zeit, Geduld, Selbstliebe brauchen. Sich mit der eigenen Geschichte, den eigenen Erfahrungen auseinanderzusetzen und sich die genauen Situationen in Erinnerung zu rufen, in denen Scham auftritt, ist einer dieser Schritte. Ein anderer ist es, den eigenen Körper zu begreifen und kennenzulernen. Eine große Rolle, um Schamgefühle nach und nach loslassen zu können, spielt freilich, ob und wie stark wir zu unserem Partner Vertrauen haben und unsere Scham ansprechen können. Auch sollten wir uns immer im Klaren sein, dass wir mit der Lust auf Sexualität einem natürlichen Bedürfnis folgen und es befriedigen. Sex zu haben, ist unser gutes Recht. Auch Schreien, Stöhnen, Lachen, Weinen tun dabei gut und verstärken die Zufriedenheit. Zudem zeigen wir damit unserem Partner, dass wir erregt sind, was ihn höchstwahrscheinlich noch mehr erregen wird. Das sage ich jetzt speziell zu Ihnen als Frau: Sie werden nicht zur Hure, nur weil Sie Sex genießen. Letztendlich aber braucht es, wie so oft im Leben, eine Portion Mut: Vielleicht möchten Sie in einem Mini-Mini-Schritt einmal etwas ausprobieren, das Sie reizt, über das sie sich bisher aber noch nicht getraut hat, und schauen, wie es Ihnen dabei geht ...

Wie sich Gefühle beim Sex auswirken
Gefühle sind uns treue Begleiter in allen Lebensbereichen. So auch in der Sexualität. Unser allgemeiner Umgang mit Gefühlen zeigt sich daher ebenso beim Sex. Sollten wir unseren Gefühlen üblicherweise nicht den angemessenen Ausdruck

erlauben, so können wir nicht erwarten, dass wir beim Sex unsere Gefühle plötzlich völlig frei fließen lassen können. Die Erregungskurve muss sich nicht linear mit der Gefühlskurve bewegen. So kann es sein, dass wir körperlich sehr erregt sind, sogar zum Orgasmus kommen, die empfundene Lust, also das Gefühl der Verschmelzung, Nähe und Hingabe, aber nicht gleich intensiv mitwächst, sondern sich vielleicht sogar in die entgegengesetzte Richtung entwickelt. Oder wir empfinden zwar ein intensives Gefühl von Nähe und Verliebtheit, aber die körperliche Erregung bleibt eher bescheiden. Auch ist es möglich, dass unsere Gefühle die Erregung ganz stoppen können. Zwei Beispiele dazu: Wird etwa der Erregungsreflex ausgelöst, steigt unwillkürlich die Körperspannung und der Körper wird von einem Bewegungsdrang erfasst. Geben wir diesem Drang nun keinen Raum, weil wir innerlich aufgrund eines bestimmten Gefühls steif werden, kann sich die sexuelle Erregung kaum weiter entfalten. Es ist auch möglich, dass wir körperlich erregt sind, aber gleichzeitig ein Gefühl von Scham empfinden, dann wird sich die sexuelle Erregung ebenfalls nicht weiter aufbauen oder völlig abflauen. Diese Zusammenhänge zu verstehen, ist wichtig. Laut verschiedener Sexualtherapeutinnen und Sexualtherapeuten liegt nämlich häufig in unseren Gefühlen (auch Gedankenmuster können Gefühle beeinflussen) die Ursache vieler sexueller Störungen. Sich hier keine Schuld zu geben, sondern die Ursache dafür zu erkennen, ist ein erster Schritt. Gibt es etwa ungelöste psychische Blockaden oder hemmt uns gar eine bestimmte Angst, wird unsere sinnliche Ansprechbarkeit entsprechend reagieren. Selbst wenn keinerlei partnerschaftliche Probleme die Sexualität stören.

Je nachdem also, wie wir gelernt haben, unsere Gefühle wahrzunehmen und mit ihnen umzugehen, werden wir auch das Sexualleben mehr oder weniger genießen können. Der Sexualtherapeut David Schnarch meint, dass viele Menschen gar nicht wissen, wie angespannt oder gar verkrampft sie beim Sex sind. Erst wenn sie sich bewusst ihrer persönlichen Entwicklung zuwenden, merken sie die Unterschiede auch in ihrem Zugang zur Sexualität. Sich selbst einmal dabei zu beobachten, wie sich Lust- und Erregungskurve entwickeln und, wenn sie sich unterschiedlich verändern, ob dies regelmäßig auftritt oder nur in bestimmten Stimmungen, kann Aufschluss über mögliche Entwicklungsschritte geben.

Im eingangs erwähnten Modell »Sexocorporel« wird eine effektive Körperübung vorgeschlagen, die zum einen das Lustempfinden steigern kann, zum anderen den Körper auch emotional für intensive Gefühle öffnet, nämlich das Becken und den Brustraum von seiner »Enge« befreit, sodass beides im Gefühlsstrom mitschwingen kann. Diese Übung heißt »Beckenschaukel«.

Die Sexualtherapeutin Susanna-Sitari Rescio weist in ihrem Buch »Sex & Achtsamkeit« ausdrücklich darauf hin, dass diese Übung, auch wenn sie unscheinbar daherkomme, relativ komplex sei und Zeit brauche, um ihre volle Wirkung zu entfalten. Sie wäre der zentrale Schlüssel zur Erweiterung des eigenen Erregungspotenzials. Es könne sein, dass zu Beginn unangenehme Gefühle auftauchen, dass man sich diesen aber stellen müsse, um den Weg zu intensiver Lust freizumachen. Wer sich aber unwohl oder unsicher damit fühle, könne die Übung unter Anleitung erfahrener Sexocorporel-Therapeuten durchführen.

Wie funktioniert nun die Beckenschaukel? Es gibt eine obere und eine untere Schaukel. Im Folgenden gebe ich Ihnen eine kurze Anleitung zu beiden Übungen, Sie finden dazu aber ausgiebig Anleitungsmaterial im Internet, auch mit Videoanweisung. Beide Übungen können Sie übrigens sitzend, stehend oder liegend ausführen. Es empfiehlt sich sogar, sie einmal so und einmal so zu üben. Schließlich findet Sex ja ebenso in verschiedenen Positionen so statt.

Für die untere Beckenschaukel im Liegen legen Sie sich

bequem auf das Bett oder auf eine Matte. Stellen Sie Ihre Füße hüftbreit auf und lassen Sie auch die Knie hüftbreit offen. Eine Hand legen Sie auf den Bauch, die andere auf das Brustbein – so spüren Sie Ihre Atembewegungen. Spüren Sie in mehreren Atemzügen den Bewegungen Ihres Körpers nach. Atmen Sie dabei durch den offenen Mund aus. Wenn Sie sich damit vertraut gemacht haben, wie Ihr Atem Ihren Körper bewegt, legen Sie eine Hand auf den Unterbauch, die andere unter den Rücken. Spüren Sie nun, wie Ihre Atmung die Bauch-Hand nach oben bewegt und auf die Rücken-Hand leichten Druck ausübt. Legen Sie dann Ihre Hände neben den Körper, bewegen aber weiterhin Ihren Rücken im Rhythmus Ihrer Atmung. Schaukeln Sie mit dem Becken leicht nach hinten, wenn Sie einatmen, und nach vorne, wenn Sie ausatmen. Probieren Sie ruhig verschiedene Schaukelbewegungen aus: größer, kleiner, schneller, langsamer, mehr Muskelspannung, weniger Muskelspannung. Lassen Sie sich auf diese Übung ein, geben Sie sich mindestens zehn Minuten Zeit dafür und spüren Sie, wie sie auf das Becken wirkt und auch, wie sich Ihre Wahrnehmung des Beckens insgesamt verändert.

Die obere Beckenschaukel funktioniert ähnlich, wobei hier statt des Beckens der Brustkorb im Mittelpunkt steht. Vielleicht möchten Sie diese auf einem Stuhl sitzend versuchen, vielleicht auch die Augen schließen, um die Bewegungen intensiver wahrzunehmen. Lehnen Sie sich mit dem Rücken an, Füße, Beine und Becken werden schwer, die Schultern sind entspannt. Legen Sie nun eine Hand auf den Bauch, die andere auf das Brustbein und beobachten Sie wieder, was passiert. Lassen Sie dann das Kinn beim Einatmen leicht nach vorne sinken, als ob Kopf und Herz sich berühren möchten, und beim Ausatmen richten Sie es wieder auf. Auch hier können Sie mit der Bewegungsintensität spielen.

Werden beide Schaukeln zu einer Bewegung kombiniert, sprechen wir von der »doppelten Schaukel«, die eine natürliche Körperbewegung darstellt und reflektorisch etwa beim Niesen, Husten, Lachen oder Weinen zu beobachten ist, vor allem noch bei Kindern. Wir Erwachsene sind hier oft schon etwas steifer.

>> *In dieser kurzen Sommernacht lernte sie viel.*
Sie hatte immer gedacht, eine Frau müsse sterben dabei vor Scham. Statt dessen starb die Scham. Scham, die Furcht ist: die tiefe, organische Scham, die uralte physische Furcht, die in den Wurzeln unseres Körpers nistet und nur vom sinnlichen Feuer vertrieben werden kann – endlich war sie aufgespürt und in die Flucht geschlagen von der phallischen Jagd des Mannes, und sie gelangte in die Mitte des Dschungels ihrer selbst. Sie fühlte, daß sie jetzt auf den wahren Grund ihrer Natur gestoßen war, und wurde schamlos im Innersten. Sie war ihr sinnliches Selbst, nackt und ohne Scham. Sie empfand einen Triumph, einen fast lästerlichen Hochmut. So! So war es also! Das war das Leben! So war man selber also wirklich! Nichts war geblieben, das man verbergen oder um dessentwillen man sich schämen mußte. Sie teilte ihre äußerste Nacktheit mit einem Mann, einem anderen Wesen.
(AUS: D. H. LAWRENCE: LADY CHATTERLEY)

Schreibanregungen

Denken Sie einmal an eine Situation zurück, die noch nicht so lange zurückliegt und die in Ihnen ein intensives Gefühl ausgelöst hat. Vielleicht ein Gefühl der Freude, der Traurigkeit, der Wut, der Schuld oder der Angst. Versetzen Sie sich nun noch einmal in diese Situation. Beobachten Sie Ihren Körper: Wie verändert sich die Atmung bei der Erinnerung an diese Szene, wie die Spannung? Ist ein Bereich kälter oder wärmer? Was passiert mit Ihren Gedanken, welche tauchen auf, wie wirken diese auf den Körper zurück? Verändert sich die Stimmung? Spüren Sie einen bestimmten Handlungsimpuls? Dann kehren Sie wieder dorthin zurück, wo Sie gerade sind – auf der Couch, im Bett oder am Tisch. Notieren Sie sich die Gefühle, die Sie wahrgenommen haben. Sie können diese Übung gerne mit verschiedenen vergangenen Situationen durchspielen. Es geht einfach darum, sich die Zeit zu nehmen und bewusst zu fühlen. Vielleicht versuchen Sie diese Übung auch einmal in »Echtzeit«, also wenn Sie gerade mitten in einer Situation sind, die Ihnen ein bestimmtes Gefühl vermittelt. Je öfter Sie sich selbst beobachten, desto geschulter werden Sie im Umgang mit sich selbst. Wenn Sie sich auch immer wieder Ihre Reaktionen notieren, fallen Ihnen vielleicht mit der Zeit Muster oder Veränderungen auf.

Sie haben sich nun mit Ihren Gefühlen beschäftigt – möglicherweise sogar einige Tage lang. Was fällt Ihnen dazu ein? Sind Sie ein bestimmter »Gefühlstyp«? Überwiegen gewisse Gefühle? Gibt es ein »Bild«, das Sie beschreiben könnte? Mit Bild meine ich etwa Folgendes: Angenommen, Sie sind oft sehr neugierig, dann könnten Sie sich als Welpen beschreiben, der auf alles neugierig zuläuft und so die Welt erkundet. Haben Sie ein solches Bild gefunden? Passt dieses Bild zu dem, was Sie üblicherweise über sich selbst denken? Wo gibt es Gemeinsamkeiten, wo Gegensätze? Sind Sie zufrieden mit dem gefundenen Bild oder eher weniger? Warum? Schreiben Sie abschließend einen Satz, der einen konkreten Handlungsauftrag formuliert. Zum Beispiel: Ich möchte mir meine Wut genauer ansehen. Oder: Ich werde mehr Freude in mein Leben lassen.

Kommen wir nun zum Sex: Fällt Ihnen ein Gefühl ein, das bei Ihnen in vielen sexuellen Situationen überwiegt? Ist es Lust, ist es Vertrautheit, ist es Nähe, ist es Langeweile oder ist es eine Mischung aus verschiedenen Gefühlen? Schreiben Sie entweder über dieses Gefühl oder, wenn keines überwiegt, allgemein über Ihre Gefühle beim Sex. Denken Sie auch darüber nach, was dieses Gefühl in Ihrem Körper auslöst, wo Sie es spüren, welchen Handlungsimpuls es Ihnen sendet. Ich möchte Sie für diese Übung um die Anwendung einer speziellen Schreibtechnik bitten: *propriozeptives Schreiben* (die Methode ist im Anhang detailliert beschrieben, siehe Kapitel »Intuitive und kreative Schreibtechniken«, Seite 202). Anders als beim automatischen Schreiben haben wir bei dieser Methode Zeit, um nachzudenken und genau zu hinterfragen, was wir mit dem jeweils Geschriebenen meinen. Bei dieser Methode lernen wir, uns selbst sprechen zu hören, uns dabei sehr genau zuzuhören, auch die feinen Nuancen wahrzunehmen und unsere Aussagen immer und immer wieder auf den Grund zu gehen. Propriozeptives Schreiben ist eine Art der Meditation. Sie brauchen für diese Übung ungefähr dreißig Minuten Zeit.

Ich möchte Sie nun bitten, sich eine typische Sexszene zwischen Ihnen und Ihrem Partner auszudenken. Denken Sie dabei an das Gefühl, das üblicherweise überwiegt – so wie Sie sich in der vorigen Übung darüber Gedanken gemacht haben. Spielen Sie diese Szene nur im Kopf durch. Und nun denken Sie an ein anderes Gefühl, das ebenfalls beim Sex im Vordergrund stehen könnte. Enttäuschung zum Beispiel. Das kann ein interessantes Experiment sein, wenn Sie sich darauf einlassen. Wie unterschiedlich würde Ihre vorhin imaginierte Sexszene nun ablaufen? Woran würde sich das veränderte Gefühl festmachen? In der Kommunikation mit Ihrem Partner, in der gesamten Dynamik, in Ihrer Körpersprache usw. Schreiben Sie nun diese Szene. Diese Übung kann Sie sensibel machen für Ihre körperliche Ausdrucksweise von Gefühlen. Vielleicht spüren Sie das nächste Mal schon frühzeitig, wenn ein Gefühl von einem anderen abgewechselt wird und warum.

Stellen Sie sich nun vor, Ihr Partner kommt in diesem Moment auf Sie zu und zeigt Ihnen, dass er gerne Sex möchte. Was sind Ihre spontanen Gedanken, Gefühle dazu? Wie reagiert Ihr Körper? Wo spüren Sie Lust oder aber Widerstand? Was ist Ihr Handlungsimpuls?

Nehmen Sie nun diese Situation und erfinden Sie dazu eine Geschichte, in der Sie und Ihr Partner als erfundene Figuren vorkommen. Schreiben Sie also nicht in der Ich-Perspektive, sondern in der Sie- und Er-Perspektive. Sie können die Situation gern ausschmücken und überzeichnet darstellen. Denken Sie sich außerdem ein Ende aus. Legen Sie sie wie eine »klassische« Erzählung an, die mit einer Art Einleitung, das kann durchaus mitten in einer Szene sein, beginnt, einem Höhepunkt zusteuert und schließlich zu einem Ende führt. Es ist jetzt nicht mehr Ihre persönliche Geschichte, sondern die Geschichte von Fremden. Legen Sie auch Gründe hinein, warum die Personen so oder so handeln. Das muss nicht explizit ausgesprochen werden, sondern kann auch zwischen den Zeilen mitschwingen.

Der Perspektivenwechsel kann helfen, ein bestimmtes Verhalten an sich selbst oder anderen neutral und wertfrei zu beobachten und zu analysieren.

Denken Sie spontan an Situationen, die Schamgefühle in Ihnen auslösen. Diese müssen nicht an eine sexuelle Situation gebunden sein, sondern können jeden Lebensbereich betreffen. Schreiben Sie mehrere Sätze hintereinander auf, die jeweils gleich beginnen, zum Beispiel so:

Ich schäme mich, wenn ... (Zur Methode des »seriellen Schreibens« siehe Seite 204.)

Wie schon bei der Übung mit den Tabus möchte ich Sie nun bitten, sich jede einzelne Szene anzusehen, die für Sie mit Scham besetzt ist. Fragen Sie sich dabei jeweils Folgendes: Mit wessen Augen betrachten Sie sich dabei, wem möchten Sie gefallen? Welches Ideal steckt dahinter? Ist dieses Ideal für Sie auch in anderen Lebensbereichen gültig? Ist jene Szene ganz objektiv betrachtet tatsächlich eine zum Schämen? Was würden Sie einer Freundin raten, wenn sie Ihnen davon erzählte?

Manchmal will man einfach der »Allgemeinheit« gefallen, den Eltern der Freunde der Kinder, den Nachbarn, der Supermarkt-Verkäuferin ..., weil »man« eben so ist. Dahinter kann ein spezifisches Verhalten stecken, das sich vom »üblichen« Verhalten unterscheidet und zu dem wir uns vielleicht nicht offen bekennen.

Schreiben Sie einen Text über »Mut«. Was bedeutet Mut für Sie? Woran macht sich Mut Ihrer Meinung nach fest? In welchen Situationen ist es für Sie besonders schwierig, mutig zu sein? Halten Sie sich generell für mutig? Vielleicht fallen Ihnen vorab Personen ein, die Ihnen imponieren. Schauen Sie dabei ein bisschen genauer hin – warum imponieren Ihnen gewisse Menschen? Was an ihrer Art, an ihren Handlungen, an ihren Werten gefällt Ihnen? Machen Sie außerdem vorab ein Cluster zum Thema (Cluster siehe Kapitel »Intuitive und kreative Schreibtechniken«, Seite 199). Notieren Sie alles, was Ihnen zu Mut und zu den von Ihnen aufgeschriebenen Stichworten einfällt. Und dann schreiben Sie völlig frei und leidenschaftlich über »Mut«.

Und nun denken Sie an eine sexuelle Situation, in der Sie sich mehr Mut und damit mehr Selbstbewusstsein wünschen. Lassen Sie diese Situation vor Ihren Augen ablaufen, wie sie sich verändert, wenn Sie den gewünschten Mut tatsächlich haben und Ihre Individualität selbstbewusst zeigen. Beschreiben Sie diese Situation so genau und sinnlich wie möglich. Abschließend fassen Sie in einem einzigen Satz zusammen, was das Geheimnis dahinter war.

Meine Sex-Biografie

Sie haben sich in den vorigen Kapiteln mit unterschiedlichen Themen auseinandergesetzt, unter anderem anderen mit Ihrer Kindheit und Jugend. Ich nehme an, dass Ihnen verschiedene Erinnerungen durch den Kopf gegangen sind, vermutlich auch aus späteren Jahren. In diesem Abschnitt lassen Sie all das ineinanderfließen. Sie ordnen Ihre Erlebnisse in Ihrer gesamten Biografie ein und werden sich vielleicht klarer darüber, welche Erlebnisse welchen Eindruck hinterlassen haben, wie eines mit dem anderen zusammenhängen kann und ob sich womöglich ab einem bestimmten Erlebnis die weitere sexuelle Entwicklung verändert hat. Mit Erlebnissen meine ich nicht nur aktive Handlungen, sondern auch bestimmte Aussagen, die Sie gehört haben oder die für Sie gedacht waren. Oft verändert ein einziger Satz sehr viel und kommt gar einem Aha-Erlebnis gleich.

Übung

Ich bitte Sie um eine Sex-Bio-Grafik: Zeichnen Sie eine horizontale und vertikale Gerade ein. Auf der horizontalen legen Sie in regelmäßigen Abständen Ihre Lebensjahre fest. Auf der vertikalen überlegen Sie sich einen persönlichen Bewertungsmaßstab, zum Beispiel von »1 = sehr schlecht« bis »10 = sehr gut«.

Und nun geben Sie sich ausreichend Zeit. Vielleicht möchten Sie sich einen Abend dafür reservieren, setzen sich gemütlich auf die Couch, machen sich eine feine Tasse Tee oder gönnen sich ein gutes Glas Wein. Versuchen Sie, in diesen Erinnerungen zu schwelgen. Möglicherweise möchten Sie mit einer Jugendfreundin oder

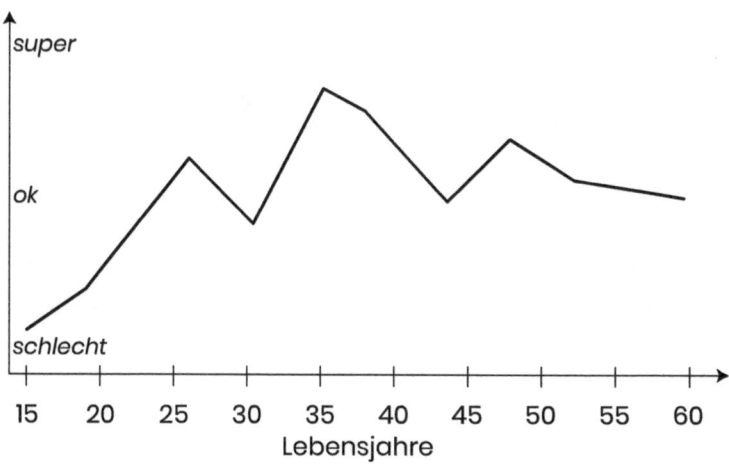

super

ok

schlecht

15 20 25 30 35 40 45 50 55 60

Lebensjahre

einem Jugendfreund telefonieren und alte Erinnerungen auffrischen. Machen Sie sich vorab Notizen auf einem Zettel oder in Ihrem Buch. Schreiben Sie alles auf, was Ihnen dazu einfällt. Und übertragen Sie Ihre Erinnerungen auf Ihre Sex-Bio-Grafik. Vom ersten Doktorspiel über ein wichtiges Date bis hin zum ersten Kuss und zum ersten Geschlechtsverkehr. Dazwischen bleibt auf der Jahresachse bestimmt genügend Platz, um weitere Erlebnisse hinzuzufügen: der erste Sex mit der großen Liebe, vielleicht ein unvergesslicher One-Night-Stand, leidenschaftliche Quickies, der ungewöhnlichste Sex-Ort oder aber gleichgeschlechtliche Erfahrungen und so weiter und so fort. Tragen Sie die einzelnen Erlebnisse jeweils in einer Höhe ein, die dem Maßstab auf der vertikalen Achse entspricht.

Nehmen Sie diese Aufgabe ernst, aber auch nicht zu ernst. Es dürfen genauso Erlebnisse eingezeichnet werden, über die Sie heute lachen. Ich möchte noch einmal wiederholen, dass über Sex gelacht werden darf. Es ist ein Thema wie jedes andere. Zudem bewirkt Lachen immer eine angenehme Entlastung.

Notieren Sie in Ihrer Sex-Bio-Grafik daher auch Superlative: den besten Sex, den schlechtesten Sex, den witzigsten Sex, den peinlichsten Sex, den schamvollsten Sex, den überraschendsten Sex …

Haben Sie alle wichtigen Ereignisse eingezeichnet? Dann verbinden Sie die Ereignisse mit einer

Linie. Nun ergibt sich voraussichtlich ein einzigartiges Bild von Auf und Abs. Lassen Sie dieses Bild auf sich wirken. Fällt Ihnen spontan etwas dazu ein? Erinnert Sie diese Linie vielleicht an etwas? Sieht sie aus wie eine steile Piste nach oben oder eher wie ein ruhiges Plateau auf stetig gleichbleibendem Niveau oder ist es ein wilder Zick-Zack-Kurs? Wie immer diese Linie auf Sie wirkt: es ist Ihre persönliche Sex-Bio-Grafik. Fällt Ihnen ein passender Titel dafür ein?

Schreiben Sie nun 15 Minuten darüber. Ganz frei. Lassen Sie einfach Ihre Gedanken zu dieser Grafik fließen.

Suchen Sie sich anschließend zwei, drei oder vier Erlebnisse heraus, die Sie näher beschreiben wollen. Erinnern Sie sich, welche Gefühle damit verbunden waren? Stolz, Scham, Gleichgültigkeit? Nehmen Sie Ihr Buch zur Hand und schreiben Sie über die ausgewählten Ereignisse jeweils eine kurze Erzählung. Vielleicht möchten Sie auch einmal einen Perspektivenwechsel probieren und ein Ereignis in der Sie-Perspektive schreiben. Etwa in der Art: »Sie war damals 27, gerade frisch verheiratet, als …« Manchmal bietet eine veränderte Perspektive tatsächlich einen anderen Blickwinkel auf ein Ereignis, noch dazu, wenn die Auseinandersetzung damit mit etwas zeitlichem Abstand erfolgt.

Nun gebe ich Ihnen noch weitere Anregungen für Sexszenen – vielleicht erinnert Sie das eine oder andere Attribut an etwas, das Sie in Ihrer persönlichen Sex-Biografie vergessen haben. Sie können die verschiedenen Anregungen, die Ihnen interessant vorkommen, jeweils auf kleine Zettel schreiben, anschließend einen, zwei oder drei auslosen – und dann darüber schreiben. Es darf sogar ein bisschen geflunkert werden. Was übrigens bei autobiografischen Texten ohnehin passiert: Sie sind wahr in einem Sinne, im anderen aber auch nicht ganz wahr. Auf jeden Fall nicht wahr im objektiven Sinne.

Schreiben Sie darüber, wie Sie einmal Sex gehabt haben: im Freien, leidenschaftlich, unerwartet, unerlaubt, langsam, geheim, beschämt, mit einem neuen Bekannten, an einem öffentlichen Platz, im Auto, mit einem Fremden, im Tageslicht, in einem Hotel, im Traum, ...

So können Sie sich im Laufe der Tage und Wochen viele einzigartige Erlebnisse zurückholen und aufbewahren. Vielleicht versorgen Sie solche Schreibmomente mit erotischer Energie. Genießen Sie sie!

Was ist mit der Person, die nur schnell Zigaretten kaufen ging und niemals mehr zurückkam? Oder mit der, die mit jemand anderem davongelaufen ist? Oder die Ihnen unrecht getan hat? Greifen Sie nach Ihrem Stift und sorgen Sie für Erleichterung!

Und anschließend wiederholen Sie diese Übung mit umgekehrten Vorzeichen: Bestimmt haben auch Sie einmal jemandem unrecht getan oder gar das Herz gebrochen. Schreiben Sie nun diese Geschichte. So, wie sie sich damals zugetragen hat. Es geht nicht darum, sich selbst Vorwürfe zu machen, sondern darum, sich von ihr freizuschreiben.

Machen Sie sich nun zusammenfassende Notizen über Ihre persönliche sexuelle Entwicklung im Laufe der Jahre. Was hat sich an Einstellungen geändert, was am Verhalten, was an der Neugierde und Zufriedenheit, was an Ihrer sexuellen Ausstrahlung, an Ihrer individuellen Erotik? Es geht hier um eine übergreifende Zusammenschau und um ein Festhalten eines Status quo.

Autobiografisches Schreiben und Wahrheit
Beim autobiografischen Schreiben sprechen wir eher von einer »subjektiven Wahrheit« denn von einer objektiven. Das, woran wir uns erinnern, hat zum einen viel mit unserer persönlichen Wahrnehmung zu tun, wie wir etwas erleben, mit welchen anderen Erfahrungen wir es verknüpfen, was wir darüber denken etc. Zudem wird oft das Erinnerte immer wieder umgebaut, verdichtet, verschoben, verändert. Wir haben schon bei der Rückschau unsere »Filter« eingebaut. Das lässt sich auch als »Arbeit am eigenen Mythos« bezeichnen. Unbewusst passen wir Erinnerungen oft am eigenen Selbstbild an. Besonders bei »symbolischen« Erfahrungen, wie etwa unsere stolzesten Erfolge, unsere schmählichsten Niederlagen, die verlorene oder gewonnene Liebe. Schließlich lassen sich viele Details zu einem Erlebnis nicht mehr vollständig in Erinnerung rufen, weshalb wir oft ergänzen. Das ist nichts Schlechtes, sondern menschlich, wie neuste psychologische Forschungen zeigen.

» *Um das Glück dieser Nacht erleben, um*
diese wunderbare Frau so beglücken zu können,
dazu hatte es seines ganzen Lebens bedurft, all
der Schulung durch Frauen, all die Wanderschaft
und Not, all der durchwanderten Schneenächte
und all der Freundschaft und Vertrautheit mit
Tieren, Blumen, Bäumen, Wassern, Fischen,
Schmetterlingen. Es bedurfte dazu der in Wollust
geschärften Sinne, der Heimatlosigkeit, der ganzen
in vielen Jahren gehäuften Bilderwelt im Innern.
(AUS: HERMANN HESSE, NARZISS UND GOLDMUND)

» *Da lag ich, mitten in den Rocky Mountains,*
auf einem Hochplateau. Und tatsächlich auch ich
mit einem Mädchen im Arm. Sie war plötzlich da
gewesen. Erst ihre Hände an meinem Rücken. Ihr
Gesicht verschwommen im Dampf. Ich hielt ihren
Po fest. Sie stank leicht nach diesem süßlichen
Erdbeerschnaps, trieb mir auf den Schoß. Saß auf
mir und wir küssten uns. Wir schliefen miteinander,
und ich wusste nicht einmal, wie sie hieß. Ich weiß
noch, wie großartig ich das fand, dass ich es so
weit an Verwegenheit gebracht hatte, mit ihr zu
schlafen, ohne ihren Namen zu kennen. Und es
hatten mir sogar andere dabei zugesehen. Steve aus
dem Tennisteam aß, nur eine Armlänge entfernt, ein
verkohltes Hüftsteak und nickte mir aufmunternd
zu. Sie hatte lange nasse Haare, die jetzt gefroren
waren und hell klirrten, wenn wir uns küssten.
Wieder hörte man lang gezogen einen Wolf heulen.
(AUS: JOACHIM MEYERHOFF, ALLE
TOTEN FLIEGEN HOCH)

Wie erotisch bin ich?
Erotik und Sexualität sind zwei eng miteinander verbundene Begriffe. Erotik bezeichnet die sinnliche Anziehung zweier oder mehrerer Menschen. Im Gegensatz zum Sexualtrieb, der als Instinkt zum Überleben der Spezies zu sehen ist, eröffnet uns Erotik die Möglichkeit, Lust um ihrer selbst willen zu genießen. Erotik macht die Sexualität individuell und sinnlich, sie zeigt sich in vielen Zwischentönen und bestimmt die Art und Weise, wie wir mit unserem Partner bei diesem Thema umgehen. Aus der Erotik ergibt sich die Atmosphäre, die zwischen Sexualpartnern vorherrscht, auch wenn es (noch) nicht zum Sex kommt. Es geht also vielmehr um Ideen und Vorstellungen als darum, was die Genitalien konkret tun. Auch Nacktheit spielt für Erotik nicht zwingend eine Rolle, vielmehr können bestimmte Kleidungsstücke, Mimik oder Gestik einer Person, ihre Sprachmelodie, ihre Körperhaltung und ihre Handlungen die erotische Schwingung erhöhen und eine erotische Anziehung zum Partner herstellen.

Erotik ist ein wichtiger Bestandteil der persönlichen Sexualität, und zwar nicht nur als Kontaktaufnahme während des Vorspiels mit dem Partner, sondern auch als Teil der alltäglich gelebten Sexualität, etwa in Form der erotischen Ausstrahlung. Gehen Sie einmal bewusst durch die Straßen und achten auf erotische »Schwingungen«. Der Umgang mit solchen erotischen Schwingungen gehört zum Alltag, ist nichts Magisches. Menschen senden und empfangen nun mal verschiedene Schwingungen. Solche erotischen Schwingungen sind Ausdruck für zwischenmenschliche Begegnungen: Blicke treffen sich, Menschen nehmen einander wahr und vielleicht gefällt ihnen, was sie sehen. Manchmal fühlen sie sich durch solche Blicke belästigt, manchmal aber werden sie selbst davon elektrisiert und verspüren ein »Kribbeln«.

Viele Frauen verstecken ihre erotische Kraft bewusst. Sei es, dass sie dem Ego ihres Mannes nicht schaden wollen, sei es, weil sie Angst vor ihrer eigenen erotischen Potenz haben oder vielleicht auch, weil sich eine erotische Ausstrahlung für eine Frau »nicht gehöre«. Daneben gibt es freilich viele Frauen und auch Männer, die sich gerade eine solche Ausstrahlung wünschen und sich fragen, was denn diese Ausstrahlung nun eigentlich ausmacht. Gleich vorweg: Wie erotisch wir wirken, hat weniger mit Modelmaßen, Miniröcken und perfektem Make-up zu tun, als Sie vielleicht denken.

Erotische Ausstrahlung kommt von innen und hängt eng mit Selbstsicherheit zusammen: sich selbst lieben und wertschätzen, das Leben genießen, auch die eigene Sinnlichkeit und Sexualität leben und lieben, nicht alles so eng sehen und kritisieren, viel lachen, die eigenen Vorzüge kennen, sich treu bleiben, sich nicht verausgaben, sondern wertvoll mit seinen Ressourcen umgehen, den Mut haben, anders zu sein und nicht in Mitläufer-Mentalität zu allem »Ja« zu sagen. Ich verwende die Begriffe »Selbstsicherheit« und »Selbstbewusstsein« übrigens hier synonym, auch wenn das nicht präzise der psychologischen Fachsprache entspricht, und meine damit »Selbstvertrauen«, »Sicherheit«, »Zuversicht«.

Ein Mensch mit erotischer Ausstrahlung zeigt außerdem Interesse, nimmt Blickkontakt auf, bekundet Zuneigung, versteckt sich nicht hinter Wünschen. Und, nachdem Körper und Geist als Einheit gesehen werden, zeigt sich ein solches inneres Selbstbewusstsein natürlich auch im Außen: in der Körperhaltung, im Gang, in der Sprache. Bei der Ausbildung zur Sexocorporel-Therapeutin etwa wird genau das geübt: Haltung, Gang, Sprache, Blickkontakt. Beobachten Sie einmal Menschen nach diesen vier Kriterien, Sie werden interessante Entdeckungen machen!

Wenn Sie sich nach erotischer Ausstrahlung sehnen oder Sie erhöhen wollen, dürfen Sie sich also freuen: Sie sind auf dem besten Weg dazu. Durch die Arbeit mit diesem Buch kommen Sie sich selbst in vielen Aspekten näher, und dieses Selbst-Bewusst-Werden hat letzten Endes sehr viel mit

Selbst-Bewusst-Sein zu tun. Und Selbstbewusstsein ist der Schlüssel hinter einer anziehenden Ausstrahlung.

Schreibanregungen
Machen Sie sich bitte zu folgenden Fragen ein paar Notizen:

Wie haben Sie bisher über erotische Ausstrahlung gedacht? Was hat sie Ihrer Meinung nach ausgemacht?

Sehen Sie sich selbst als eine erotische Person? Wie denken Sie über Personen, die eine erotische Ausstrahlung haben? Fällt Ihnen eine konkrete Person ein, die in Ihren Augen äußerst erotisch wirkt? Wie empfinden Sie das? Positiv oder negativ? Was an dieser Person macht Ihrer Meinung nach diese Anziehung aus? Das Aussehen, die Kleidung, das Auftreten? Wenn Sie erotisch wirken wollen, was bräuchte es dazu?

Schreiben Sie ein Gedicht über eine fiktive Person – Mann oder Frau –, die Sie schon antörnt, wenn Sie sie nur sehen. Schreiben Sie eine Szene, wie diese Person im Park oder in einem Kaffeehaus oder wo auch immer auf Sie zukommt. Wie ist der Blick, wie der Gang, wie die Stimme, wie das Lachen … ? Machen Sie Ihre Augen zu und malen Sie sich die Begegnung so richtig schön aus.

Ich bin zwar keine Freundin von Statistiken, aber für die folgende Übung ziehe ich eine heran –

sehen Sie sie aber bitte mit Augenzwinkern: Angeblich sieht ein Mann pro Tag mindestens fünf Frauen, mit denen er schlafen möchte. Angenommen, Sie möchten für einen beliebigen Mann, der Ihnen auf der Straße begegnet, eine solche Frau sein. Wie müssten Sie sein? Wie müssten Sie sich fühlen? Beschreiben Sie sich. Und dann schreiben Sie einen kurzen inneren Monolog aus der Sicht jenes Mannes.

Schreiben Sie abschließend ein Rezept für erotische Ausstrahlung. Es ist ein persönliches Rezept, ganz auf Sie zugeschnitten. Welche Zutaten braucht es und wie funktioniert die Zubereitung? Gehen Sie diese Aufgabe spielerisch und mit viel Fantasie an. Oft braucht es einen Schuss Humor oder eine überspitzte Darstellung, um manchen Phänomenen auf den Grund zu gehen.

Auch der *innere Monolog* ist ein beliebtes Mittel in literarischen Texten. Es erlaubt den Leserinnen und Lesern, an der Gedanken- und Gefühlswelt der Figuren teilzuhaben. Der innere Monolog wird in der Ich-Form geschrieben und bildet die unmittelbaren Gedanken der jeweiligen Figur ab. Ein typisches Kennzeichen ist daher auch, dass diese Gedanken weder geordnet sind, sie sind so sprunghaft wie unser Geist, noch grammatikalischen Regeln folgen. Es gibt ganze Erzählungen im inneren Monolog oder in der erweiterten Form, des Bewusstseinsstroms, zum Beispiel »Leutnant Gustl« oder »Fräulein Else« von Arthur Schnitzler oder »Ulysses« von James Joyce.

Wie kann ein innerer Monolog ausschauen? Hier als Beispiel der Anfang von »Leutnant Gustl«: »Wie lang' wird denn das noch dauern? Ich muß auf die Uhr schauen ... schickt sich wahrscheinlich nicht in so einem ernsten Konzert. Aber wer sieht's denn? Wenn's einer sieht, so paßt er gerade so wenig auf, wie ich, und vor dem brauch' ich mich nicht zu genieren. Erst viertel auf zehn? ... Mir kommt vor, ich sitz' schon drei Stunden in dem Konzert. Ich bin's halt nicht gewohnt ...«

2. Mich selbst lieben und erotischer werden

Erotische Ausstrahlung hängt eng damit zusammen, wie sehr wir uns selbst lieben und schätzen. Natürlich ist erotische Ausstrahlung nicht der einzige Grund, warum wir uns selbst lieben sollten. Dafür gibt es mehr als genug. Selbstliebe wird einerseits als Voraussetzung gesehen, andere Menschen lieben zu können, andererseits als wesentlicher Teilaspekt eines umfassenden Selbstwertgefühls, das ebenfalls die Basis eines wertschätzenden Umgangs mit anderen ist. Und dieses Selbstwertgefühl wiederum hängt eng mit unserer Selbstsicherheit, oder eben unserem Selbstbewusstsein, zusammen.

Wie können wir lernen, mit uns selbst liebevoller umzugehen?

Silke Heimes schreibt in ihrem Buch »Schreiben als Selbstcoaching«, und nichts anderes als Selbstcoaching ist es ja auch, was Sie hier mit diesem Buch und den Schreibübungen machen, dass wir im Bereich des Selbstcoachings –

und später dann im Alltag – dieselben Haltungen uns selbst gegenüber einnehmen sollen, die in der Psychotherapie eine Therapeutin dem Klienten gegenüber einnehmen sollte. Haltungen, die leider alles andere als selbstverständlich wären, da wir gerade mit uns selbst strenger, unfreundlicher und gnadenloser umgingen als mit anderen. Von welchen Haltungen spricht Heimes?

Zum einen von der Echtheit. Sie meint damit, dass wir uns erstens unserer Gefühle und Einstellungen klar werden, sie greifen und formulieren können, und zweitens, dass wir zu diesen Gefühlen stehen und sie zur Grundlage unseres Auftretens und unserer Handlungen machen. Echtheit steht demnach für Aufrichtigkeit und Wahrhaftigkeit in dem Sinne, dass wir uns selbst nichts vormachen und auch anderen gegenüber zum Ausdruck bringen, wie wir denken und fühlen. Das setzt natürlich voraus, dass wir unsere eigenen Gedanken, Gefühle und Ideen ernst nehmen. Zum anderen spricht sie von Wertschätzung, die sie als bedingungslose Akzeptanz und Annahme des Menschen und der aktuellen Situation versteht. Ich möchte betonen, dass Wertschätzung eben auch meint, seine eigenen Bedürfnisse und Wünsche ernst zu nehmen und auf sie Rücksicht zu nehmen. Ein konkretes Beispiel dazu: Wenn ich den ganzen Tag Erledigungslisten hinterherhechle und ausschließlich die Bedürfnisse meiner Kinder, meines Partners, meines Chefs, meiner Kolleginnen, meiner Haustiere etc. berücksichtige und erfülle, meine eigenen aber nicht, spricht dies nicht von jener Wertschätzung sich selbst gegenüber, die damit auch gemeint ist. Und als dritte Haltung nennt sie die Empathie, ein wohlwollendes Einfühlen in die eigene Erlebniswelt.

Zu diesen Grundhaltungen zählt Heimes noch weitere Begriffe auf, die ihr zentral erscheinen: eine offene neugierige und verzeihende Einstellung sich selbst gegenüber, ein fairer Blick auf die eigenen Stärken und Schwächen sowie der Wunsch, sich selbst zu verstehen und zu akzeptieren.

Alle dieses hat sehr viel mit Selbstliebe zu tun. Freilich ist es nicht immer leicht, sich selbst mit Respekt, Wertschätzung und Empathie zu begegnen – dieses Buch zu lesen, ist allerdings ein erster Schritt! Seien Sie froh, dass Sie sich haben! Bemühen Sie sich um eine enge Verbundenheit zu Ihnen. Und zwar in allen Situationen. So, wie die Liebe zu einem Kind nicht kleiner wird, wenn wir gerade wütend sind auf dieses Kind, soll auch unsere Liebe zu uns nicht kleiner werden, wenn wir gerade wütend auf uns sind.

Selbstliebe heißt auch, sich mit dem eigenen Körper anzufreunden

Wenn Selbstliebe die Art und Weise darstellt, wie ich zu mir selbst in Beziehung trete, dann beeinflusst Selbstliebe auch meine Sexualität – als Teil meiner selbst. Wenn Selbstliebe darüber hinaus Voraussetzung ist, mit anderen liebevoll in Beziehung zu treten, so beeinflusst sie weiters mein konkretes Sexleben, denn beim Sex gehe ich immerhin eine Beziehung zu jemand anderem ein. Insofern lohnt es sich auch, »nur« wegen der Sexualität das Thema Selbstliebe anzuschauen.

Wenn davon die Rede ist, wie ich mit mir selbst umgehe, ist logischerweise mein ganzes Ich gemeint, mein inneres wie mein äußeres, also auch mein Körper. Das betone ich deshalb so, weil beim Sex dieser äußere, explizite Körper schließlich Hauptakteur ist. Und zwar in all seinen Facetten: als mein leiblicher Körper mit seinen Schrammen und Dellen, als »Erregungskörper« mit seinen Gewohnheiten und Fähigkeiten, auf Reize zu reagieren, als »Erinnerungskörper« mit seinen gespeicherten Erlebnissen und Erfahrungen, als mehr oder weniger bekannter »medizinischer« Körper mit seinen Funktionen, Abläufen und »Bestandteilen«. Auf den Körper gehe ich auch deshalb intensiv ein, weil es komischerweise vielen von uns leichter gelingt, die eigene Ungeduld oder Unbeherrschtheit zu akzeptieren als die Fettpolster oder den Hängebusen.

Wie wir uns selbst, unserem Körper und unserem Partner gegenüber eingestellt sind, hat weitreichenden Einfluss auf die Qualität unseres Sexlebens. Es folgen nun die wichtigsten Aspekte dazu.

Selbstliebe in der Partnerschaft: Wie ich schon in dem Kapitel »Lustkiller« erwähnt habe, kann eine falsch verstandene Intimität die Lust auf Sex verhindern. Ich möchte auch an dieser Stelle nur kurz darauf eingehen, um den Zusammenhang mit Selbstliebe darzustellen – das Thema »Partner« wird ab Seite 123 ausführlicher behandelt. Will man mit seinem Partner dauerhaft erfüllenden Sex haben, so ist eine Voraussetzung dafür, sich selbst treu zu bleiben. Häufig nämlich verschmelzen wir zu stark mit dem Partner, weil wir unbewusst seine Anerkennung suchen. Dann achten wir zu wenig auf unsere Wünsche und Bedürfnisse, kommunizieren sie vielleicht auch nicht, machen lieber ihm alles recht und verlieren dabei aber mit der Zeit unsere Lust.

Physischer Körper und Sex: Der Körper ist ein komplexes Phänomen, das vielschichtig unsere Sexualität beeinflusst. Bleiben wir vorerst beim rein physischen Körper: Größe, Gewicht, Alter, Atemfrequenz, Puls, Schwitzen, Bewegungen, Haltung, Sprache etc. Wenn wir unseren Körper nicht so akzeptieren, wie er ist, weil vielleicht die Brüste hängen, der Bauch zu groß ist, die Oberschenkel keine Modelmaße haben etc., wirkt sich das auf unser Selbstbewusstsein beim Sex aus. Vielleicht müssen wir dann immer im Dunklen Sex haben oder aber wir verweigern bestimmte Stellungen überhaupt, weil sie uns in ein ungünstiges Licht bringen, oder aber wir denken während des Sex unsicher an unseren Körper und können uns nicht ganz und gar auf das sexuelle Erlebnis einstellen und hineinfallen lassen. Wie soll sich in den genannten Beispielen genug Erregung aufbauen?

Psychischer Körper und Sex: Körper und Geist bilden

eine Einheit. Im expliziten Körper drücken sich alle unsere psychischen Abläufe aus, also Emotionen, Gedanken, Wahrnehmungen, Vorstellungen und beeinflussen unser Sexleben. Habe ich mir etwa in der Kindheit angewöhnt, gewisse Gefühle zu unterdrücken, so kann dies im Körper zu Anspannungen und Blockaden führen. Diese »Unbeweglichkeit« löst sich natürlich auch beim Sex nicht einfach in Luft auf und kann bewirken, dass die Energie nicht frei bis ins Becken fließt und so meine Erregung blockiert. Ach, werden Sie vielleicht denken, wenn das alles zu berücksichtigen ist, lasse ich es lieber gleich bleiben. Wir alle haben doch da oder dort Stress, unterdrückte Gefühle und dergleichen. Ja, das stimmt. Keiner von uns ist perfekt. Aber es genügt, sich dessen bewusst zu werden, hin und wieder achtsam den Körper und die Gefühle wahrzunehmen und darüber zu reflektieren. Die Änderungen kommen dann automatisch. Schritt für Schritt, Sie werden sehen. Zuerst muss ein Bewusstsein dafür da sein.

Schreibanregungen:
Frischen Sie ein bisschen Ihre Körpererinnerungen auf: Schlüpfen Sie hinein in den einen oder anderen Körperteil. Welches erotische Erlebnis hat zum Beispiel Ihr Zeigefinger einst gehabt? Oder über welche Erfahrung würde wohl Ihr Schlüsselbein erzählen? Gehen Sie Ihren Körper durch, Zentimeter für Zentimeter, und entscheiden Sie sich für mindestens drei spezielle Stellen/Teile, die nun eine erotische Geschichte erzählen, ob positiv oder negativ. Lassen Sie Ihren Körper sprechen. Ändern Sie die Perspektive und vielleicht ändert sich auch Ihr Verständnis von dem einen oder anderen Erlebnis. Oder

gar davon, wie jemand anderer diese Situation erlebt haben könnte.

Denken Sie an eine sexuelle Situation mit Ihrem Partner, in der Sie zwar sehr erregt waren, die sich aber dennoch nicht so entwickelt hat, wie es möglich gewesen wäre. Und zwar, weil Sie zu starke Rücksicht auf Ihren Partner genommen haben und sich nicht Ihre eigenen Wünsche erfüllt haben. Erzählen Sie offen über diese Situation in der Ich-Perspektive.

Und dann nehmen Sie die gleiche Szene noch einmal her und schreiben sie um. Nun aus der Sie-/Er-Perspektive. Und dabei stellen Sie sich vor, was Sie sagen/tun hätten müssen, um auch Ihre Wünsche in den Sex einzubringen. Wie hätte der Partner reagiert? Wie wäre der Sex verlaufen? Nehmen Sie Ihren Mut und Ihre Wünsche zusammen und malen Sie sich nun eine Sexszene aus, die für beide erfüllend ist.

Machen Sie für zehn Minuten die Beckenschaukel (siehe Seite 84). Achten Sie dabei darauf, wie Sie körperlich und emotional reagieren. Entspannt es Sie, erregt es Sie? Wie sind Ihre sinnlichen Eindrücke? Wo im Körper spüren Sie eine Veränderung? Welche Gefühle empfinden Sie? Entstehen Wünsche, Fantasien? Haben Sie innere Bilder im Kopf? Und dann schreiben Sie alle Ihre Eindrücke nieder. Formlos. Notieren Sie einfach Ihre Erfahrung.

Nehmen Sie sich noch einmal die Zeit und stellen Sie sich nackt vor den Spiegel. Betrachten Sie Ihren Körper. Und zwar liebevoll auch jene Stellen, die Sie sonst vielleicht nicht so genau anschauen. Gehen Sie in Gedanken Zentimeter für Zentimeter durch und denken Sie daran, welche schönen Momente Ihnen die einzelnen Körperstellen schon geschenkt haben, auch was der eine oder andere Teil vielleicht mitgemacht hat – an Wunden, Verletzungen, sportlichen Strapazen etc. Und dann setzen Sie sich hin und lassen Ihren Körper erzählen. Über das Leben mit Ihnen. Wie zufrieden er mit Ihnen ist, was ihm gefällt an Ihrem Umgang mit Ihnen, was nicht oder was er sich wünschen würde. Natürlich darf er auch erzählen, wie er den Sex mit Ihnen erlebt. Anschließend schreiben Sie ihm eine kurze Antwort, und zwar in Form einer Liste. In dieser Liste versprechen Sie ihm, wie Sie künftig mit ihm umgehen und was Sie alles verändern werden. Vielleicht so:»Lieber Körper! Ich verspreche dir ...«.

Was halten Sie davon, wenn Sie diese Übung auch nackt schreiben? Ja, ganz und gar nackt.

Schreiben Sie anschließend einen poetischen Text über die Veränderung Ihres Körpers. Sie finden unten mehrere literarische Texte über den eigenen Körper. Möglicherweise regt Sie einer davon an, wie Sie selbst darüber schreiben möchten.

So. Und nun: Wie denken Sie über sich selbst? Seien Sie ehrlich und schreiben Sie sich alles heraus. Ich bitte Sie um einen Wut-Monolog. Schimpfen Sie so richtig los und übertreiben Sie ruhig dabei. Alles, was Sie stört und was Sie sich täglich in kleinen Portionen immer wieder vorsagen, schreiben Sie auf. Raus damit! Und am Ende, wenn Sie alle Wut auf sich selbst herausgelassen haben, betrachten Sie Ihre »furchtbaren Eigenschaften« nochmal im Einzelnen, eine nach der anderen – ähnlich der Übung zu den Schattenseiten. Notieren Sie für jede, was Sie dank dieser speziellen Eigenschaft in Ihrem Leben schon alles erreicht haben. Es gibt in allem eine gute und eine schlechte Seite. Nichts ist nur schlecht. Das ist ein Naturgesetz. Angenommen, Sie haben sich vorgeworfen, zu ängstlich zu sein. Würdigen Sie nun das Gute am Schlechten. Das Gute an der Ängstlichkeit ist zum Beispiel Vorsicht oder Umsicht. Wobei hat Ihnen diese Vorsicht geholfen? Hat sie gar schon etwas Schlimmeres verhindert? Vielleicht möchten Sie auch hier den jeweiligen Eigenschaften einen verniedlichenden Kosenamen geben. Zum Beispiel mit gleichem Anfangsbuchstaben, wie »grantige Gudrun«, »kritische Kirstin«, »dominante Dora« oder aber Sie vergeben Fantasienamen. Dann können Sie in Zukunft liebevoll sagen, wenn Sie wieder einmal ängstlich sind: »Ach, die ängstliche Anna ist wieder einmal da.« Richten Sie diesen Wut-Monolog ruhig an sich selbst. Also zum Beispiel: »So, liebe Verena, jetzt sage ich dir einmal was: Du immer mit deiner Angst! Die hängt mir schon zum Hals heraus. Heute hast du ja wirklich übertrieben. Du scheinst aber unfähig zu sein, endlich einmal etwas dazuzulernen! Sind denn jemals diese Katastrophen eingetroffen, die du dir stundenlang ausgemalt hast? Eben! Aber du ziehst einfach keine Konsequenzen, fürchtest dich weiterhin vor allem Möglichen! Apropos Konsequenz: Konsequent bist du auch so nicht, und zwar in keiner Hinsicht. Wie oft hast du dir schon vorgenommen, täglich deine Rückenübungen zu machen? Oft! Ja, aber du machst sie nicht. Höchstens zwei, drei Tage, wenn es wieder einmal akut ist. Da brauchst du dich nicht zu wundern, dass ...« So oder ähnlich können Sie losschimpfen. Diese Übung gelingt meistens sehr gut, weil wir im Selbstbeschimpfen Meister sind. Aber nicht vergessen, diese Schimpftirade anschließend aufzulösen, wie oben beschrieben!

Kommen wir nun zu einer weiteren Übung:

Sie lieben sich, Sie lieben auch Ihren Körper. Sie wissen, dass nicht alles perfekt ist, aber das ist nun einmal so. Das tut Ihrer Liebe zu sich selbst keinen Abbruch. Sie fühlen sich wohl in Ihrer Haut, räkeln sich vielleicht gerade auf dem Sofa, wo Sie entspannt mit einem Buch sitzen. Ihr Partner kommt herein und geht langsam auf Sie zu. Sie sehen an seinen Augen, dass es in ihm kribbelt. Auch in Ihnen beginnt es zu kribbeln ... Schreiben Sie die Szene fort. Und beschreiben Sie eine Sexszene, wie Sie sie sich intensiver nicht vorstellen können und die sich gleich hier im Wohnzimmer abspielt. Nehmen Sie viele körperlich-sinnliche Eindrücke mit in die Geschichte. Zum Beispiel wie sich Ihr Körper geschmeidig bewegt, wie Sie lustvoll bis ins Becken atmen, wie Sie gierig die Gerüche Ihres Partners einsaugen, wie es pocht in Ihrem Körper, wie Sie mit jeder Bewegung auch sich selbst verwöhnen usw. Stellen Sie sich die Szene lebendig vor, dann können Sie über all diese Eindrücke genauso lustvoll schreiben. Viel Spaß! Ich bin mir sicher, Ihrem Partner würde die Geschichte gefallen …

Kaufen Sie sich ein gutes Pflanzenöl, zum Beispiel Mandel- oder Jojobaöl. Mischen Sie sich nun mit bestimmten sinnlich-anregenden Ölen Ihre persönliche Körperpflege. Gute Düfte dafür sind Sandelholz, Benzoe Siam, Jasmin, Rose, Vanille … Bitte nehmen Sie nur naturreine ätherische Öle. Und dann: Salben Sie sich! Salben Sie sich mit aller Liebe und mit aller Fürsorglichkeit. Lassen Sie keinen Zentimeter aus. Betrachten Sie dabei die entsprechenden Körperstellen – das stärkt das Empfinden. Im Anschluss schreiben Sie einen Text, wie Sie Ihren Geliebten salben würden. Geben Sie Ihre ganze Hingabe in diesen Text!

Wenn Sie zusätzlich zu den Schreibübungen auch bewusste Körperübungen machen wollen, so werden Sie im Internet schnell fündig. Es gibt viele Übungen aus dem Achtsamkeitstraining, etwa den Body-Scan, die helfen, den Körper bewusst wahrzunehmen. Dazu einige Anregungen für Sie:

» Das also bin ich: Dicke Schenkel. Kleine
Titten. Großer Bauch. Und so viel Liebe.
(Elke S., Wien)

» Bin ich das
Bin ich das wirklich
Feine Augenfalten
Weiße Haarsträhnen
Unglatte Haut
Leicht körnig gewölbt
Rote Äderchen
Unverkennbar
Die dunklen Augen
Ein besonderer Glanz
Ein neuer Ausdruck
Zwischen den Brauen
Kraftvolle Linien
Die Nasenform
Seit Kindheit dieselbe
Darunter die Lippen
Eingenistete Spuren
Warmer Zärtlichkeiten
Und mein Lachen
Erkenne ich es wieder
Ich bin es
Verändert
(aus: Schütz, Esther Elisabeth, Kimmich,
Theo: Körper und Sexualität)

》 *Ja, ich gebe zu, dass ich beim Sex mit meinem Freund am liebsten unter ihm liege, weil dann mein Bauch flacher ist. Ich schaue einfach besser aus und mache das seit Jahren so. Obwohl ich natürlich weiß, dass ich mich sexuell damit einschränke.*

(HERTA R., MÜNCHEN)

》 *Als Connie oben in ihrem Schlafzimmer war, tat sie etwas, was sie seit langer Zeit nicht getan hatte: sie streifte alle Kleider ab und stellte sich nackt vor den hohen Spiegel. Sie wußte nicht genau, wonach sie suchte und warum, doch sie rückte die Lampe so lange hin und her, bis sie voll auf ihre Gestalt schien. Und sie dachte, was sie so oft gedacht hatte: ›... was für ein zerbrechliches, leicht verletzbares, rührendes Ding das ist – ein nackter menschlicher Körper; ein wenig unfertig, unvollkommen irgendwie!‹*

(AUS: D. H. LAWRENCE: LADY CHATTERLEY)

Zeit für Selbstbefriedigung

Manche werden sich vielleicht fragen, weshalb ich bei »Mich selbst lieben« ein Kapitel über Selbstbefriedigung habe. Die Antwort ist einfach: Der Weg zu erfüllendem Sex führt über den eigenen Körper, über die eigene Lust und über die Sehnsucht, möglichst intensiv genießen zu können. Für viele Menschen, und vor allem für viele Frauen, ist der eigene Körper fremdes Land. Manche haben noch nie ihre Geschlechtsteile im Spiegel angesehen oder den Innenraum ihrer Scheide erkundet. Es gibt aber so etwas wie Körper-Kompetenz und eine erotische Lernkurve. Nach Angaben vieler Sexualtherapeutinnen sind es häufig Frauen, die sich darüber beklagen, dass ihr Partner sie nicht »richtig« erregen könne, geschweige denn zum Orgasmus bringen. Aber, mal ehrlich, wenn man selbst nicht mit der Geografie seiner Geschlechtsorgane vertraut ist, wie sollte es dann der Partner sein? Manche Frauen wissen zwar sehr wohl, was sie *nicht* wollen, haben aber nur wenig Ahnung davon, *was* sie wollen.

Selbstbefriedigung ist nach wie vor ein Tabuthema, speziell bei Frauen. Sie ist aber ein sehr nützliches »Instrument« auf dem Weg zu erfüllendem Sex. Sich selbst anzugreifen und Lust zu verschaffen ist wichtig als Lernerfahrung. Wir können im wahrsten Sinne des Wortes »begreifen«, wie der Körper auf welche sexuelle Stimulation genau reagiert, was mehr erregend ist, was weniger. Zudem ist Selbstbefriedigung eine eigene sexuelle Spielart, die neben partnerschaftlichem Sex durchaus ihre Berechtigung hat. Sie ist zudem eine entspannende, ungefährliche Befriedigung des Sexualtriebes und erfordert keine Partnerschaft.

Auch wenn der Orgasmus nicht das alleinige Ziel des Geschlechtsverkehrs sein sollte, ist es doch so, dass manche Frauen darunter leiden, mit ihrem Partner nicht so häufig zum Orgasmus kommen zu können. Obwohl sie es beim Sex mit sich selbst durchaus können. Eine bewusste, erkundende Selbstbefriedigung kann dabei sehr hilfreich sein.

Im Konzept »Sexocorporel« werden verschiedene grundsätzliche Arten menschlicher Erregungsfähigkeit (siehe dazu den nächsten Abschnitt) dargestellt. Wenn ich nun gewohnt bin, in der Selbstbefriedigung immer auf die gleiche Art und Weise zum Orgasmus zu kommen, ist es möglich, dass auch beim partnerschaftlichen Sex mein Körper nur auf exakt die gleichen Reize anspricht. Mein Partner hat somit kaum eine Chance, meine Erregung soweit zu steigern, dass ich zum Orgasmus komme. Meine Klitoris ist auf meine eigene Druckintensität und Schnelligkeit trainiert. Auf vielfältigere Erregungsmöglichkeiten zu reagieren, können Frauen sich allerdings beibringen und üben. Und zwar, indem sie sich selbst auf unterschiedliche Arten stimulieren und dadurch neue Nervenbahnen bilden.

Bei Sexocorporel wird dabei der Tipp gegeben, dass man sich zuerst wie üblich stimulieren soll, um eine Grunderregung zu schaffen, und dann eben experimentiert. Experimentiert auch insofern, als man den Körper so gut wie möglich entspannt: den Mund öffnen (der Stimme des Atems Raum geben, keine Spannung im Gesicht), in das Becken atmen, die Schultern beweglich lassen (keine Spannung im Brustbereich), das Becken bewegen, die Beckenbodenmuskulatur einsetzen.

Das klingt alles sehr technisch, ich weiß. Im Normalfall aber läuft vieles davon ohnehin automatisch ab, weil der Erregungsreflex dem Körper genau dazu die Signale gibt. Aber, wie David Schnarch sagt, wissen viele gar nicht, wie verkrampft sie beim Sex sind. Bewusst die Aufmerksamkeit auf mögliche Verspannungen zu lenken, ist eine gute Übung. Im Übrigen können Sie auch einzelne Aspekte separat üben, etwa die Beckenmuskulatur an- und entspannen, die Schultern beweglich lassen oder in das Becken atmen. Trauen Sie sich! Üben Sie! Werden Sie zur Spezialistin Ihres Körpers!

Welcher Erregungstyp bin ich?

Bei Sexocorporel werden fünf Arten von Erregungsmodi unterschieden. Es gibt dazu ausführliche Sachliteratur, wenn Sie mehr darüber wissen wollen. Ich möchte nur kurz darauf eingehen, um Ihnen eine grundsätzliche Orientierung zu geben, worauf Sie bei sich selbst achten können.

Auch wenn Erregung durch bestimmte Reize ausgelöst wird, kommt sie nicht alleine zum Höhepunkt. Dazu bedarf es konkreter »Aktivitäten«. Genau diese Aktivitäten machen die Erregungsmodalität aus, also die Art und Weise, wie wir gelernt haben, unsere Erregung bis zum Höhepunkt zu steigern. Die Sexualtherapeutin Susanna-Sitari Rescio sagt dabei so treffend: Viele Wege führen nach Rom. Es gibt also viele Möglichkeiten zum Höhepunkt zu gelangen. Wie Sie Ihre Erregung steigern können, möchte ich Ihnen anhand der fünf Erregungsarten bei Sexocorporel vorstellen. Sie sind anhand der unterschiedlichen Arten der Selbstbefriedigung beschrieben, wobei jeweils andere Körperparameter angesprochen und unterschiedliche Rezeptoren aktiviert werden. Diese eingeübten Modi werden üblicherweise auch im partnerschaftlichen Sex bevorzugt.

● *Der archaische Modus – über den Weg der Körperspannung:* Dabei wird der Körper in eine starke Spannung versetzt, Frauen etwa pressen die Oberschenkel zusammen und spannen den Beckenboden an, der Körper bewegt sich währenddessen kaum, obwohl es auch zu kräftigen, raschen Bewegungen kommen kann. Oft reicht eine sehr punktuelle Berührung des Geschlechts, direkt oder indirekt (etwa mit einem Polster zwischen den Beinen), die Beine können dabei zusätzlich gestreckt und überschlagen sein, um auf das Genital einen extra Druck auszuüben. Dadurch werden speziell die tiefen Rezeptoren des Gewebes angesprochen, die auf Druck reagieren. Häufig kommt es auf diese Art sehr schnell zum Orgasmus. Frauen beschreiben diese Methode als sehr effizient, wenn sie sich selbst befriedigen möchten, allerdings als nicht sehr partnerkompatibel. »Archaisch« heißt dieser Erregungsmodus übrigens deshalb, weil er schon bei Säuglingen zu beobachten ist.

● *Der mechanische Modus – über gleichbleibende Berührungen:* Auch dieser Erregungsmodus führt rasch zum Höhepunkt, vor allem durch die mechanisch rhythmischen Bewegungen. Das Geschlecht wird auf gleichbleibende Art berührt, der Rhythmus wird beschleunigt. Die Muskeln sind stark angespannt, vor allem im Beckenbereich, es kann aber auch der ganze Körper angespannt sein. Mit steigender Erregung wird die Beweglichkeit des Körpers eingeengt. Bei dieser Art der Stimulation werden nur bestimmte Rezeptoren geweckt, aber nicht alle, die zur Verfügung stehen. Obwohl in der Selbstbefriedigung sehr effizient, kann dieser Modus beim partnerschaftlichen Sex möglicherweise nicht bis zum Orgasmus führen. Der mechanische Modus wird häufiger von Männern als von Frauen eingesetzt. Beim gemeinsamen Sex wird durch das typische »Rein-Raus« die Frau oft nicht angemessen stimuliert. Wenn Frauen diese Methode in der Selbstbefriedigung bevorzugen, kann es sein, dass sie den gemeinsamen Geschlechtsverkehr als zu wenig erregend empfinden und daher meist eine zusätzliche Stimulation der Klitoris brauchen, da sie es gewohnt sind, nur die äußeren oberflächlichen Rezeptoren zu stimulieren.

- *Der Vibrationsmodus – mit Sex-Toys:* Bei diesem Modus spielen vor allem jene Rezeptoren eine Rolle, klitoral oder vaginal, die auf Vibration reagieren. Andere Formen der Berührung werden vernachlässigt. Eine lustvolle Entladung kann hier oft nur mehr mit Vibration erfolgen, wozu ein Partner schwer in der Lage ist. Wer diesen Modus bevorzugt, soll versuchen, den Einsatz vibrierender Hilfsmittel einzuschränken und die anderen Rezeptoren durch Übung anderer Erregungsformen nach und nach wieder zu aktivieren.
- *Der ondulierende Modus – über fließende Bewegungen*: Hier spielen weiche, fließende Bewegungen im ganzen Körper die Hauptrolle. Die Muskeln sind nicht angespannt. Rhythmus und Bewegung variieren spielerisch. Diese Art der fließenden Bewegung wird als wichtig erachtet, damit sich die sexuelle Erregung im Körper ausbreiten kann. Wird diese Erregungsart im partnerschaftlichen Sex gelebt, so ermöglicht sie ein ganzheit-

liches Erlebnis, bei dem die körperliche Erregung mit lustvollen Gefühlen von Nähe verbunden wird. Diese Bewegung allerdings lässt sich kaum bis zum Höhepunkt steigern, da die körperliche Spannung fehlt.

- *Der wellenförmige Modus – mit vollem Körpereinsatz:* In diesem Modus drückt der Körper sein volles Potenzial aus, alle Parameter werden eingesetzt. Die Erregung wird sowohl gesteigert als auch moduliert. Es kommt zu einem Spiel von feinen bis heftigen Bewegungen, von langsamen bis schnellen Rhythmen, von schwacher bis starker körperlicher Anspannung, von entspannter bis heftiger Atmung. Die tiefen Rezeptoren werden über die »doppelte Schaukel« stimuliert. Becken und Schultern werden dabei gleichzeitig bewegt, angetrieben durch die Bauchatmung, wie dies auch beim Lachen oder Weinen passiert. Die »untere Schaukel« steigert die sexuelle Erregung, die »obere Schaukel« das Gefühlsempfinden. Die Bewegung und die Berührung erfolgen ständig in verschiedenen Rhythmen und Qualitäten, wodurch verschiedene Rezeptoren, die oberflächlichen wie die tiefen, aktiviert werden. Die Erregung kann sich auf den gesamten Körper ausbreiten und führt zu einem Orgasmus, der sowohl genital als auch emotional befriedigt. Diese Form wird bei Sexocorporel als die erfüllendste angesehen.

So, nun wissen Sie, wie Erregung gesteigert werden kann. Aber wie kommt es zur Erregung? Erregung wird durch Reize ausgelöst. Jeder Mensch reagiert freilich auf andere Reize. Sich darüber Gedanken zu machen, ist lohnend, um zu erfahren, worauf man denn selbst anspricht. Reagieren Sie persönlich eher auf Bilder und Blicke oder auf Berührungen, auf konkrete Fantasien oder aber auf Gerüche? Oder auf starke Verliebtheitsgefühle? Vielleicht auf alles zusammen? Wie ich bereits erwähnt habe, bedeutet Erregung noch nicht unbedingt Lust, und Erregung kann durch verschiedene Gedanken/Gefühle auch wieder im Keim erstickt werden. Bleibt sie aber erhalten und will man sie lustvoll ausweiten, so lässt sie sich durch Modulation der Körperparameter, eben auf die oben beschriebenen Modi, bis zum Orgasmus steigern.

Schreibanregungen

Bei diesen Übungen lasse ich Sie gerne alleine. Ich möchte Ihnen bloß eine Idee für ein ruhiges Streichelritual geben und vorab ein paar Fragen als gedankliche Anregung.

Woran merken Sie, dass Sie erregt sind? Welche Signale sendet Ihnen Ihr Körper? Wo genau spüren Sie die Erregung? Die Wahrnehmung der allerersten Körpersignale hilft Ihnen, einen anderen Umgang mit der eigenen Sexualität zu erlernen. Auf welche Reize reagieren Sie? Reagieren Sie eher auf Berührungen oder auf Bilder? Gibt es Berührungen, die Sie gar nicht mögen? Gibt es Gerüche, die Sie anregen? Wie reagieren Sie auf »sexuelle« Gerüche? Finden Sie Ihren eigenen Geschmack und den Ihres Partners erregend oder eher »abtörnend«? Vielleicht haben Sie Lust, ein Gedicht über Ihren »geheimen« Körper zu schreiben, vielleicht aber auch ein erotisches Gedicht, das ganz nach Ihrem Geschmack ist. Viel Spaß damit!

Es gibt ein Lied von Iggy Pop, »Pussy Walk«. Im Refrain fragt er die Zuhörer: »Can your pussy walk, can your pussy smile, can your pussy dance ...«.

Haben Sie sich schon einmal gefragt, was Ihre »Pussy« kann?

Legen Sie sich ins Bett und streicheln Sie sich. Streicheln Sie sich nicht bis zum Orgasmus. Genießen Sie einfach Ihre Berührungen, nehmen Sie wahr, wie sich Ihre Haut anfühlt, wo sie weich und wo sie rau ist, wo empfindlich, wo kitzelig, wo erregbar und wo sie gefühllos bleibt. Spüren Sie den Unterschied, wenn Sie sich nur mit den Fingerspitzen berühren oder mit der ganzen Handfläche. Wie fühlt sich Ihre Achsel an, wie Ihre Armbeuge, wie Ihre Kniebeuge, wie Ihre Brust? Nehmen Sie sich viel Zeit dafür, machen Sie ein besonderes Ritual daraus!

Das nächste Mal schließen Sie die Augen und stellen Sie sich vor, dass Ihre Finger die Finger einer besonderen Person sind. Und dass nun diese besondere Person Sie streichelt. Malen Sie sich diese Situation in den intensivsten Gerüchen, Farben und Tönen aus. Und nun schreiben Sie eine Erzählung mit dem Titel »Die Verführung«.

Wenn Sie möchten, können Sie einmal den Versuch wagen, unmittelbar nach Ihrem Streichelritual unter Leute zu gehen oder aber alleine in die Natur. Und bemerken Sie den Unterschied! Bemerken Sie ihn und feiern Sie ihn!

» *Ich bin eine Frau*
eine Frau wie andere Frauen
weiblicher Körper
zwei Brüste
runder, weicher Bauch
Venushügel mit gekraustem Haar
Zwischen den Beinen
Leicht verborgen
Mein weibliches Geschlecht
Bin ich wie andere
Es ist mein Körper
Meine Haut
Die ich täglich spüre
Haut, welche mich schützt
Formen, die mir Halt geben
Anders sind als alle andern
Mein Körper, den kenn' ich
Doch was weiß ich von ihm
Was bleibt mir verborgen
Was kann ich erkunden
Um besser mich zu verstehen
Antworten auf Fragen
Lassen sie mich erkennen
Wer ich bin
Ich als Frau
Mit meiner Weiblichkeit
(AUS: SCHÜTZ, ESTHER ELISABETH, KIMMICH,
THEO: KÖRPER UND SEXUALITÄT)

» *Den eigenen Körper zu erkunden, ist doch*
etwas völlig Normales. Allerdings hängt diese
Einstellung stark davon ab, wie die eigenen Eltern
mit ihrer Sexualität umgegangen sind. Hatten diese

122

ein schwieriges Verhältnis zu ihr, also haben sie sie
als etwas Unanständiges, Schmutziges empfunden,
dann werden vermutlich auch ihre Kinder keinen ganz
freien Zugang haben und vielleicht Schuldgefühle
haben, wenn sie sich etwa selbstbefriedigen.

(ELISABETH H., SALZBURG)

3. Meinen Partner lieben

Adam und Eva, Orpheus und Eurydike, Romeo und Julia, John Lennon und Yoko Ono, Napoleon und Josephine, Elizabeth Taylor und Richard Burton. Die Liste bekannter Liebespaare ließe sich endlos fortsetzen. Ob in der Bibel, der Mythologie, ob in der Literatur, im Film oder im echten Leben – was wäre unsere Welt ohne Liebe?

Sex und Liebe ist eine wunderbare Kombination und meistens untrennbar miteinander verbunden. Über sich selbst haben Sie sich im Laufe des Buches schon viele Gedanken gemacht, nun geht es darum, auch über die Beziehung zu Ihrem Partner zu reflektieren. Aber vielleicht anders, als Sie denken.

Liebe ist nicht nur ein menschliches Grundbedürfnis, sondern auch ein wesentlicher Motor für Sexualität. Unsere Fähigkeit zur Liebe ist eng mit unserer Sexualität verbunden und trägt mit zur sexuellen Erregung bei. Menschen, die sich lieben, haben auch meistens den starken Wunsch, sich sinnlich und sexuell zu begegnen, wodurch tiefe Nähe erlebt werden kann. Es kann berauschende Gefühle bescheren, sich mit dem Menschen, den wir lieben, sexuell zu vereinigen. Liebe, Leidenschaft und das Verlangen nach dem Partner sind wesentliche Elemente der sexuellen Erregung und Befriedigung. Je mehr emotionale Energie in eine sexuelle

Begegnung hineingetragen wird, desto intensiver kann diese werden. Das heißt umgekehrt aber auch, dass ungelöste Probleme in der Partnerschaft ebenfalls ziemlich direkt in das sexuelle Geschehen eingreifen können.

Ob in einer Beziehung oder als Single – die Sehnsucht nach erfüllendem Sex ist da. Nur die Probleme damit sind vielleicht unterschiedlich. In einer langjährigen Beziehung erfreut man sich an der Sicherheit einer Partnerschaft und am tiefen Vertrauen, in dem man sich hingeben kann, aber vielleicht schläft die Lust ein, vergraben vom Alltag. Im Singleleben genießt man dafür die Abwechslung, Freiheit und aufregende One-Night-Stands mit geilem Sex, sehnt sich aber nach einer tiefen Verbundenheit, die weiter reicht.

In diesem Kapitel geht es ausschließlich darum, wie sich durch die Art der Beziehung und durch die Art der gelebten Intimität der Sex verändern kann. Gerade wenn von erfüllendem Sex die Rede ist, gehen Sexualtherapeuten davon aus, dass tiefe Gefühle und eine reife Form der Beziehung für tiefes Lusterleben entscheidend sind. Damit kommen wir der Prämisse dieses Buch schon sehr nahe, nämlich dass Sexualität und persönliche Reife ein Traumpaar sind.

Selbständig trotz Zweisamkeit

Wann »gelingen« Liebesbeziehungen? Wann sind wir vollkommen erfüllt von einer Liebesverbindung zu einem anderen Menschen? Was macht eine »funktionierende« Liebesbeziehung aus?

Eine Liebesbeziehung gelingt nur dann, wenn wir uns selbst darum kümmern, dass es uns gut geht, ist der Sexualtherapeut David Schnarch überzeugt. Dies ist die Basis für eine Vertiefung der Bindung *und* unserer Eigenständigkeit. Viele Menschen glauben hingegen, Paarbeziehungen wären dazu da, Sicherheit und Geborgenheit zu bieten sowie einen

Ausgleich dafür, was wir als Kinder entbehren mussten. Dabei wird seiner Meinung nach jedoch komplett auf Autonomie und Freiheit verzichtet. Die gängige Vorstellung einer Paarbeziehung als einer wechselseitigen Abhängigkeitsbeziehung betont demnach eher unsere Bedürftigkeit denn unsere Stärken. In einer Beziehung aber gilt es, zwei elementare Lebenskräfte in Einklang zu bringen: das Bedürfnis nach Individualität und das Bedürfnis nach dem Miteinander. Das Element der Individualität treibt uns dazu an, unseren eigenen Vorstellungen zu folgen und unsere Eigenständigkeit und Einzigartigkeit zu entwickeln; das Element des Miteinander hält uns dazu an, den Vorgaben zu folgen, die andere uns machen, um uns in die Gruppe einzufügen.

In vielen Beziehungen haben die Partner Verschmelzungswünsche und erleben genau dies als Geborgenheit. Sie verwechseln diese Verschmelzung mit Liebe. Dabei übertragen sie jeweils auf den anderen psychische Funktionen. Zum Beispiel, dass der andere uns das Gefühl gibt, liebenswert und wertvoll zu sein, statt dass wir es uns selbst geben. Diese Verschmelzungswünsche können so weit führen, bis es kein »Ich« und »Du« mehr gibt, nur noch ein »Wir«. Wenn der andere einmal alleine etwas macht und dabei womöglich Spaß hat, kann es passieren, dass wir auf diese Aktivität eifersüchtig sind. Wir verlangen Ausschließlichkeit und begehren, das Epizentrum aller Bedürfnisse zu sein. Je stärker Paare diese Verschmelzung anstreben, desto mehr verlieren sie ihre Unabhängigkeit als Einzelpersonen und verlernen dabei häufig, auf ihre eigenen Wünsche und Bedürfnisse zu achten beziehungsweise sie überhaupt noch wahrzunehmen. Sie verlernen aber auch, den Partner in den zahlreichen Facetten zu sehen, in die sie sich ursprünglich verliebt haben. Die Perspektive ist schlichtweg verzerrt. Über kurz oder lang führen solche Verschmelzungstendenzen nicht nur zu Langeweile in der Beziehung, sondern auch zum Absterben von Erotik und Begehren. Vom Partner »träumen« zu wollen und ihn zu begehren, setzt voraus, dass wir uns eine gewisse Distanz erlauben und nicht in jeder freien Minute alles teilen wollen. Differenzierung hingegen ist eine besondere Form der emotionalen Verbundenheit bei gleichzeitiger Wahrung der Individualität. Differenzierung drückt sich etwa darin aus, dass unser Selbstgefühl eben nicht in sich zusammensackt, wenn der Partner nicht da ist oder wenn wir als Single leben und nicht in einer Liebesbeziehung. So paradox dies klingen mag: Selbstständigkeit und somit eine gewisse Art von Distanz zum Partner ermöglichen erst wahre Intimität. Zum einen, weil wir uns immer wieder aus freien Stücken und tiefer Zuneigung heraus entscheiden, Kontakt zu halten und nicht aus inneren Zwängen. Und zum anderen, weil wir den Mut haben, uns selbst zu leben und uns dem Partner auch genauso zu zeigen, wie wir sind. Wir machen nichts nur deshalb, um zu gefallen. Diese Art der Intimität kann natürlich auch verunsichern und fühlt sich nicht stets nur wohlig an. Sie bedeutet nämlich nicht, dass wir uns jederzeit voll und ganz akzeptieren, einander vorbehaltlos bestätigen oder uns gar unsere intimsten Gedanken mitteilen. Intimität meint ein Bewusstsein darüber, dass Sie und Ihr Partner getrennte Wesen sind, für die es in gewissen Bereichen keine Gemeinsamkeit gibt.

Keinesfalls bezwecke ich mit dieser Ausführung zur Selbstständigkeit in Beziehungen, dass sich nun möglichst viele von Ihnen fragen: »Oh Gott! Bin ich auch so?« Vielmehr möchte ich Sie dazu anregen, zumindest einmal offen darüber nachzudenken, wie weit Sie Ihre Selbständigkeit bewahren. Immerhin sehen viele Sexualtherapeuten die eigene Selbstständigkeit als einen Schlüssel zu gelingenden Beziehungen und in Folge zu erfüllendem Sex.

Sex, ganz intim
Wenn Sie schon einmal einen One-Night-Stand erlebt haben, wissen Sie vermutlich, dass Sex auch funktioniert, wenn er unter beinahe Fremden stattfindet. Wenn wir also kaum etwas voneinander wissen und nichts von uns preisgeben müssen. Mit Intimität hat dies nichts zu tun, auch wenn wir etwas scheinbar sehr Intimes miteinander teilen, nämlich unsere körperliche Nacktheit, unsere Erregung, vielleicht unseren Orgasmus. Die Intimität, von der ich hier rede, geht weit über diese körperliche Nacktheit hinaus. Sie geht sehr viel tiefer: etwa, dass wir uns unserem Partner zeigen, wie wir sind, mit all unseren Stärken, Schwächen, Wünschen, Bedürfnissen, Ängsten, Schamgefühlen. *Das* ist Intimität. Und ich wage zu behaupten, dass Sex umso schöner wird, je intimer er ist. Intim im eben beschriebenen Sinne. Diese Intimität setzt eine gewisse Stufe persönlicher Entwicklung voraus.

Je reifer und selbstbewusster wir sind, desto mehr können wir sogar zulassen, dass der Partner uns beim Sex und während wir zum Orgasmus kommen, in die Augen blickt und *uns* sieht. Blickkontakt während der sexuellen Begegnung hat zwar auch etwas Erotisches, ist aber häufig ein Zeichen tiefer Verbundenheit. Wir geben uns damit den anderen zu erkennen, lassen unser Gegenüber tief in uns hineinschauen, sind ganz nah bei ihm. Körperliche und emotionale Empfindungen ergeben so ein Ganzes und stimulieren einander gegenseitig.

Sehr interessant in diesem Zusammenhang finde ich das Buch »Wenn Sex intim wird«. Geschrieben wurde es von einem Psychiater und einer Psychotherapeutin in den USA, von Krishnananda Trobe und Amana Trobe, einem Paar, das seit vielen Jahren Seminare zum Thema »Lieben lernen« abhält. In ihrem Buch stellen sie ein Modell für Sex und Intimität vor, das viele lesenswerte Aspekte beschreibt und zum Abschluss eine schöne Übung für intimen Sex bereithält.

Im Wesentlichen geht dieses Modell davon aus, dass unsere emotionale und spirituelle Struktur aus drei Kreisen besteht:

Der *äußere Ring* repräsentiert die Schicht unserer Schutzhüllen und Verteidigungsmechanismen: unsere Strategien der Kontrolle; wie wir uns zurückziehen, kämpfen, manipulieren; Besitzansprüche, Forderungen, Erwartungen etc.

Der *mittlere Ring* repräsentiert unsere verletzte Empfindsamkeit, im Grunde all unsere Ängste und Unsicherheiten: die Angst vor Nähe, davor, verlassen oder vereinnahmt zu werden, Angst vor Grenzüberschreitung oder Respektlosigkeit, vor Kritik oder Demütigung etc.

Der *innere Ring* stellt unsere Essenz dar: unsere natürliche Lebendigkeit, Sensibilität, unsere freie Sexualität, Kraft, Klarheit, Stille, Liebesfähigkeit und Weisheit.

Dieses Modell übertragen die beiden Autoren auch auf die Sexualität: Sex auf *Ebene I bis III*.

In jeder Beziehung verändert sich die Sexualität. Wenn der »Flitterwochenzustand« vorüber ist, *Ebene I*, gibt es mit der Zeit auch Frustrationen und Enttäuschungen – und alte Wunden werden berührt. *Ebene II* beginnt. Wenn die Intimität tiefer wird, passiert automatisch etwas mit der Sexualität: Wir werden verletzlicher. Wir vermissen das unkomplizierte »Hoch« der Ebene I. Es können plötzlich Unsicherheiten auftauchen oder Funktionsstörungen, die meistens ihre Ursache in der Angst vor zu großer Nähe haben. Vielleicht spüren wir, dass die bisherige Art, Sex zu haben, nicht mehr zufrieden macht, dass wir uns nach einer tieferen Verbindung sehnen, aber uns oft aus Angst zurückziehen. In dieser Ebene geht es darum, sich selbst genau anzusehen, seine Ängste und Unsicherheiten wahrzunehmen und anzuerkennen. Und uns selbst das zu geben, was wir brauchen. Je nachdem, wie reif wir in diesem Stadium bereits sind und wie groß das Vertrauen zum Partner ist, verändert sich an diesem Punkt die Beziehung. Entweder wir bleiben zurückgezogen, weil wir uns noch nicht trauen, mit all unseren Ängsten, Schamgefühlen, Verletzungen »herauszurücken«, dann kann es sein, dass sich die Beziehung und auch die gemeinsame Sexualität nicht so weiterentwickeln, wie wir uns das wünschen, oder wir beginnen, mit unendlich viel Geduld und Akzeptanz für unsere Angst und unsere Scham, sanft mit uns umzugehen und uns auch dem Partner gegenüber zu öffnen. Dann treten wir in Ebene III ein und sind in der Lage, alles, was beim Liebesakt auftaucht, da sein zu lassen. Auf dieser Ebene fühlen wir geduldig beim Partner mit und wissen zudem, dass auch wir mit und ohne unsere Verletzungen und Ängsten geliebt werden. Wenn gegenseitiges Vertrauen und die Bereitschaft dafür da sind, wird es einfacher, all die sensiblen und feinfühligen Erlebnisse miteinander zu teilen. Etwa indem wir nichts zurückhalten, weder Tränen noch Worte, weder Erlebnisse noch Gefühle. Auf dieser Ebene wissen wir, dass es beim Sex um Liebe geht und nicht um das sexuelle Hochgefühl. Die körperliche Vereinigung ist dann Ausdruck tiefer Liebe, ist zugleich Ausdruck des sehnsüchtigen Wunsches, sich ganz zu vereinigen und dem anderen so nah wie möglich zu sein – diese Art der Vereinigung hat mit dem herkömmlichen Begriff von »Sex« nichts mehr gemeinsam. Für mich persönlich ist diese Entwicklung der Idealzustand, den ich in einer Beziehung anzustreben wünsche: uns zu kennen, uns anzunehmen, gemeinsam zu wachsen und uns im Laufe der Beziehung so nahe zu kommen, dass wir, entschuldigen Sie die pathetische Ausdrucksweise, uns alleine durch diese Nähe und Liebe heilen. Und da können auch Tränen fließen, immer wieder, sogar während des Sex. Genau das meine ich mit Sex, der berührt.

Werden wir nun wieder ein bisschen profaner. Abschließend wiederhole ich noch einen Punkt, den ich schon bei »Mein Umgang mit Gefühlen« beschrieben habe. Wie ich mit meinen Gefühlen umgehe und sie ausdrücke, hat verschiedene Auswirkungen. Auf mich, auf den Partner und auf die Entwicklung der Beziehung. Ein Aspekt scheint mir dabei in diesem Kapitel besonders relevant: Die Art und Weise, wie ich meine Gefühle ausdrücke, ist auch als eine Art der Kommunikation zu sehen. Bin ich etwa im Ausdruck verhalten, so tun sich andere schwer, meine Gefühle zu lesen und zu verstehen. Das betrifft allgemeine Situationen ebenso wie sexuelle Begegnungen. Lust ist immerhin auch ein Gefühl. Drücke ich also Lust verhalten aus, so wird sich mein Partner schwertun, meine Lust einzuschätzen. Wenn zudem nicht darüber gesprochen wird, so ist er ziemlich alleine damit, herauszufinden, was mir gefällt und was nicht ... Da wäre es günstig, ein wenig nachzuhelfen.

» *Lache mich nicht aus, wenn es töricht klingt,*
was ich sage. Aber sieh: eine Frau zu lieben, ihr sich
hinzugeben, sich ganz in sie einzuhüllen und sich
von ihr eingehüllt fühlen, das ist nicht dasselbe, was
du Verliebtsein nennst und ein bißchen bespöttelst.
Es ist nicht zu bespötteln. Es ist für mich der Weg
zum Leben und der Weg zum Sinn des Lebens.
(AUS: HERMANN HESSE, NARZISS UND GOLDMUND)

» *Sex ohne Liebe interessiert*
mich nicht. Es ist bloß ein Fick.
(ELISABETH H., MÜNCHEN)

» *Wer großartigen Sex will, muss man alle damit verbundenen Gefühle zulassen. Nur so ist man auch ganz dabei und nicht nur mit den Geschlechtsteilen.*
(Renate L., Wien)

» *Komisch. Der intimste Sex ist der ganz normale. Lässt man alle Spielchen und dergleichen weg, bleibt die pure emotionale Zweisamkeit. Das kann dir den Atem verschlagen.*
(Renate L., Wien)

» *Sexualität wird erst durch Liebe schön und beglückend. Diese Erkenntnis sollten wir festhalten und versuchen, sie nie mehr zu verlieren.*
(aus: Peter Lauster, Die Liebe)

Schreibanregungen

Die Informationen zur Partnerschaft in diesem Kapitel sind intensiv und dicht. Ich schlage daher vor, Sie verarbeiten all dies nun in einem automatisch geschriebenen Text (automatisches Schreiben, siehe Kapitel »Intuitive und kreative Schreibtechniken«, Seite 198). Sie kennen diese Schreibmethode ja schon. Schreiben sie einfach fünfzehn bis zwanzig Minuten zum Thema. Schreiben Sie alles auf, was Ihnen zu dem eben Gelesenen in den Sinn kommt, und setzen Sie dabei den Stift nicht ab.

Führen Sie einen schriftlichen Dialog mit Ihrem Partner über Selbstständigkeit.

Machen Sie sich bitte in alle Ruhe Gedanken über die Sexualität in Ihrer Partnerschaft und schreiben Sie frei dazu Ihre Gedanken nieder. Wie leben Sie in Ihrer Beziehung Sexualität? Eher körperlich-genital oder spielt sich Ihr Lusterleben mit großer Emotionalität ab? Wie stellen Sie sich die weitere Entwicklung vor?

Wann waren Sie einmal so richtig nackt? Und zwar nackt im übertragenen Sinne, nackt bis in Ihre Seele hinab? Schreiben Sie über ein Erlebnis, bei dem Sie genau diese Nacktheit schon einmal erlebt haben.

Denken Sie allgemein an Liebe, an Sex, an Partnerschaft, vielleicht an Ihre aktuelle Beziehung. Und dann schreiben Sie einen kurzen Text, der wie folgt beginnt:»Irgendetwas hält mich davon ab, dass ...«

Sex wird in einer Beziehung auch als Machtinstrument eingesetzt. Was fällt Ihnen dazu ein?

Wann haben Sie zum letzten Mal einen Liebesbrief geschrieben? Es ist schön zu lieben, aber hin und wieder müssen wir uns zu dieser Liebe auch deutlich bekennen. Schreiben Sie doch jetzt einen Liebesbrief. An Ihren jetzigen Partner, an einen ehemaligen oder an einen fiktiven. Der Brief muss nicht abgeschickt werden. Öffnen Sie Ihr Herz und lassen Ihren Stift Sie führen!

Das Wissen von Frauen und jenes von Männern können sich bei den verschiedensten Themen unterscheiden. Und diese Aussage beinhaltet nicht die geringste Wertung. Es ist einfach so. Schreiben Sie nun über unterschiedliches Wissen. Entweder in Form von zwei kurzen Texten oder in Form eines gegensätzlich angelegten Textes, und zwar:

– Das ist, was Frauen über die Liebe wissen.
– Das ist, was Männer über die Liebe wissen.

Wenn es Ihnen lieber ist, können Sie die Übung abwandeln und speziell über Sie und Ihren Partner schreiben.

David Schnarch definiert Spiritualität als eine Haltung, den Sinn des Lebens in der alltäglichen Erfahrung zu suchen. Was fällt Ihnen dazu ein? Und wie lässt sich diese Aussage auf die Sexualität hin interpretieren?

Horchen Sie sich abschließend ein schönes Lied über die Liebe an. Mir persönlich gefällt »The rose« von Bette Midler sehr gut. Dieses Lied trägt mich davon. Manchmal auch mit Tränen. Aber bestimmt haben Sie ein eigenes Lied, das Ihnen nun einfallen wird. Hören Sie es sich intensiv an. Machen Sie die Augen zu. Hören Sie einmal nur auf die Melodie, lassen Sie sie ganz in sich eindringen. Dann passen Sie auf den Text auf. Und nun schreiben Sie eine Szene, in der Liebe und Sex und Göttlichkeit nicht mehr auseinanderzuhalten sind.

4. Let's talk about sex

Der französische Philosoph und Psychologe Michel Foucault hat einmal geschrieben, dass Sexualität Teil unseres Verhaltens, Teil unserer Freiheit sei. Sie ist etwas, das wir selbst schaffen. Durch unser Begehren hindurch verlaufen neue Formen der Beziehung. Sex ist eine Möglichkeit, das Leben zu gestalten.

Was aber ist nun mit unserem Begehren? Kennen wir es, kennen wir unsere Wünsche, wissen wir, was uns guttut? Und, wenn ja, sprechen wir darüber mit unserem Partner? Anscheinend nicht oder zu wenig. Über Sex zu sprechen, ist trotz unserer aufgeklärten Zeit noch immer etwas sehr Heikles, wenn nicht gar ein Tabu. Bücher von Sexualtherapeuten sind voll davon, wie wenig unter Paaren gesprochen wird, wie wenig man über die sexuellen Wünsche und Bedürfnisse des anderen Bescheid weiß und wie viele Missverständnisse oder Unzufriedenheit daraus entstehen können. Und ja, ich gebe zu, auch aus persönlicher Erfahrung heraus, die eigene Sexualität ist in der Tat etwas sehr Intimes, etwas höchst Persönliches. Wenn wir über unsere sexuellen Wünsche sprechen, können wir sehr schnell das Gefühl bekommen, nun völlig nackt und verletzbar vor unserem Partner zu stehen.

Und, keine Sorge, es geht auch gar nicht darum, seine geheimsten Fantasien preiszugeben, sondern einfach darum, selbst zu wissen, was uns guttut. Und schließlich darüber zu reden, was wir uns beim gemeinsamen Sex wünschen, was uns antörnt oder was uns weniger gefällt. Zum Beispiel, dass wir gerne geile Worte ins Ohr geflüstert bekommen mögen oder dass wir im Zeitlupentempo ausgezogen werden möchten und dabei soll tunlichst jeder Zentimeter Haut abgeleckt werden oder dass wir gerne einmal schon vor der Vereinigung bis zum Höhepunkt gestreichelt werden möchten und dabei in seiner Achsel riechen wollen.

Im letzten Kapitel habe ich viel über Selbstständigkeit in Beziehungen und persönlicher Reife gesprochen. Über Sex zu reden und auch darauf zu achten, dass die eigenen Wünsche erfüllt werden, ist Ausdruck dieser Reife und Selbstständigkeit. Wenn ich mich beim Sex immer nur danach richte, was mein Partner fühlt und seine Empfindungen und Lust an oberste Stelle setze, werde ich irgendwann das Gefühl haben, auf der Strecke zu bleiben. Womöglich mache ich meinem Partner sogar eines Tages Vorwürfe. Und es ist ja außerdem denkbar und gar nicht so selten der Fall, dass das, was ich dem Partner zuliebe mache, vielleicht gar nicht das ist, was ihm guttut. Vielleicht hat auch er nur mir zuliebe mitgemacht und in Wirklichkeit sehnt er sich nach etwas ganz anderem. Vielleicht nach dem Gleichen, nach dem auch ich mich sehne. Wir wissen es bloß nicht.

Gespräche über Sex sind nicht unbedingt einfach. Zum einen, weil wir uns selbst dabei so nackt vorkommen, zum anderen, weil wir natürlich unseren Partner nicht vor den Kopf stoßen wollen. Wenn wir es in unserer Beziehung nicht gewohnt sind, über Sex zu reden, kann der Anfang eine große Hürde darstellen. Meixner schlägt in ihrem Buch »Ätsch, Erster!« zwei »Einsteiger-Methoden« vor: Man schreibt jeweils auf ein Blatt Papier verschiedene Wünsche auf, und der Partner notiert anschließend, ob er glaube, dass der andere den jeweiligen Wunsch wohl »sehr gerne«, »gerne« oder »überhaupt nicht« umgesetzt haben möchte. Die andere ist die Methode des »Sexuellen Tratsches«, die der deutsche Sexualtherapeut Ulrich Clement entworfen hat. Dabei verpackt man die eigenen Wünsche so in ein Gespräch, als wären sie Inhalt eines Tratsches. So in der Richtung: »Du, weißt eh, ich hab gelesen, Angelina hat ganz komische Gewohnheiten beim Sex ...« Darauf kommt vermutlich eine Reaktion Ihres Partners. Und dann könnte man weiterreden. Klingt vielleicht ein wenig kindisch, wäre aber doch einen Versuch wert, finden Sie nicht? Ich meine, man darf nichts unversucht lassen, um sich bei schwierigen Themen selbst auszutricksen. Ist das Eis erst einmal gebrochen, brauchen Sie das nächste Mal eine derartige Krücke vielleicht nicht.

Über Sex zu reden, ist außerdem deshalb schon nicht einfach, weil uns oft die Worte fehlen. Und zwar buchstäblich gemeint. Entweder kommen uns die geläufigen Ausdrucke zu technisch, steril vor, oder sie klingen eher verspielt und verniedlichen oder aber wir stufen sie als ordinär ein. Wie also soll ich mich ausdrücken? Das ist natürlich Geschmacksache. Auch braucht es vermutlich etwas Übung. Wir sind es schlicht nicht gewohnt, gewisse Wörter zu verwenden. Jede Sprache ist individuell gefärbt, und so wird auch Ihre sexuelle Sprache eine persönliche Note haben. Alles mit der Zeit. Am besten, Sie probieren das einfach einmal aus. Welche Wörter klingen für Sie passend? Sagen Sie lieber »Ich möchte mit dir schlafen« Oder »Fick mich bitte, jetzt sofort«? Klingt es für Sie besser, von Ihrer Scheide zu reden oder von Ihrer Muschi, von seinem Penis oder seinem Schwanz? Um nur jeweils zwei Beispiele zu nennen. Vielleicht ändert sich das auch von Situation zu Situation. Je nachdem, ob Sie sich »sachlich« darüber unterhalten oder vielleicht erregen wollen.

Sex ist Sprache ohne Worte

Die Zunge gleitet sanft über den Nacken, streicht zart über Lippen, Brust, Bauch. Die Hände aber fassen plötzlich fest nach dem Po, heben das Becken die Höhe, dem Mund entgegen, spüren keinen Widerstand, im Gegenteil. Diese packenden Hände drücken nun sanft den Rücken zur Seite, der Körper dreht sich freiwillig mit, biegt sich durch, aus beiden Münden ist Stöhnen zu hören … Sex ist ein Dialog ohne Worte. Die Körper sprechen miteinander und wissen meistens auch sehr genau, was gemeint ist. Schon feine Regungen reichen meist aus.

Die gesamte Sexualität eines Menschen ist Ausdruck einer persönlichen Körpersprache und fungiert als Informationsüberträger. Sie ist nonverbale Kommunikation. Nonverbale Kommunikation ist oft wichtiger als das gesprochene Wort, das belegte schon 1971 der amerikanische Psychologe Albert Mehrabian, wie Meixner darstellt. Nur sieben Prozent vermitteln Worte vom Gefühlspotenzial einer gesprochenen Botschaft, der Rest ist nonverbal: 38 Prozent durch die Stimmlage, 55 Prozent durch Mimik, Gestik und Körpersprache.

Vielleicht atmen Sie jetzt erleichtert auf: Wozu Worte, wenn Mimik, Gestik, Körpersprache ohnedies kommunizieren? Tja, wenn Sie sich mit Ihrem Körper so klar und ehrlich ausdrücken und Ihr Partner auch versteht, was Ihre Wünsche sind und was Ihnen guttut, und wenn Sie nun umgekehrt auch Ihren uneingeschränkt auf dieser Ebene verstehen: Gratuliere! Dann brauchen Sie vermutlich wirklich nicht mit Worten darüber zu reden. In der Regel aber ersetzt die nonverbale Sprache nicht ersatzlos die verbale Kommunikation über das Thema.

Natürlich versuchen viele, über nonverbale Signale den Partner darüber zu täuschen, was sie empfinden. Sie stöhnen etwa laut, obwohl sie nicht erregt sind. Diese Täuschung wird aber nicht immer gelingen, weil es andere Körpersignale gibt, die sich nicht bewusst steuern lassen. Außerdem: Je besser die Partner einander spüren und wahrnehmen, desto schwieriger wird eine Täuschung. Darauf möchte ich aber gar nicht weiter eingehen, da ich davon ausgehe, dass, wenn Sie sich dieses Buch gekauft haben, Sie ehrlich daran interessiert sind, mehr über sich selbst und Ihre Sexualität zu erfahren, um schließlich eine erfüllende Sexualität zu leben. Und den Partner täuschen und gleichzeitig erfüllenden Sex zu haben, schließe ich nun einmal aus.

Sie wissen inzwischen auch, wenn Sie Ihren Gefühlen nur eingeschränkten körperlichen Ausdruck erlauben, etwa wenn Sie nicht stöhnen oder Ihr Becken kaum bewegen, schränkt das nicht nur das eigene Lustempfinden ein, sondern ist auch ein nonverbales Signal und macht es dem Partner schwerer, Sie zu verstehen und kennenzulernen.

Nachdem ich im vorigen Kapitel eine entsprechende Schreibanregung dazu gegeben habe, möchte ich der Vollständigkeit halber anmerken, dass Sex auch als Ausdruck von Macht gesehen werden kann. Zum einen »dienen« schöne Frauen oder schöne Männer als eine Art Statussymbol und gelten somit indirekt als Ausdruck von Macht. Zum anderen kann sich Macht in einer Beziehung durch das Begehren ausdrücken. Kontrolle über die gemeinsame Sexualität hat demnach derjenige, dessen Begehren am schwächsten ist. Dies kann freilich die gesamte Dynamik in einer Beziehung verändern. Vielleicht möchten Sie Gedanken darüber machen, wie es in Ihrer Beziehung aussieht?

» *»Ein amüsanter Gedanke, Charlie«,*
sagte Dukes, »daß Sexualität nur eine andere
Form des Gesprächs ist – mit dem Unterschied,
daß die Worte praktiziert werden und nicht
gesprochen. Wahrscheinlich ist das ganz richtig.
Wahrscheinlich können wir mit einer Frau ebensogut
Sinnesempfindungen und Gefühle austauschen wie
Gedanken über das Wetter oder so. Sexualität ist
vielleicht so etwas wie eine ganz natürliche, physische
Unterhaltung zwischen einem Mann und einer Frau. ...
(AUS: D. H. LAWRENCE, LADY CHATTERLEY)

>> *Mehrmals hatte sie, sobald ich versuchte, ihr*
Hüftkreisen durch Auf- und Abwärtsbewegungen zu
erwidern, in mein nasses Ohr ›Don't move!‹ geflüstert.
Ich hatte still gesessen. Nur sie bewegte sich. Dann
wieder ›Move!‹ Ich bewegte mich stärker. ›Don't move!‹
(AUS: JOACHIM MEYERHOFF, ALLE
TOTEN FLIEGEN HOCH)

Und wie sieht es mit Ihren Wünschen und Fantasien aus?
Kennen Sie das? Sie sitzen gemütlich auf der Couch, lesen, Ihr Partner sitzt neben Ihnen, liest ebenfalls. Plötzlich überfällt Sie Lust auf ihn. Sie drücken sich ein wenig an ihn, lächeln ihn verführerisch an, streichen vielleicht mit Ihren Fingern durch sein Haar, drücken ihm einen Kuss auf die Stelle unter seinem Ohr. Ihr Partner küsst sie liebevoll zurück, schaut dann wieder in sein Buch. »Dann eben nicht!«, denken Sie vielleicht und lesen weiter. Ein bisschen sauer aber sind Sie schon.

Solche Situationen kommen oft vor. Wir verhalten uns auf eine Art und Weise, um vom anderen begehrt zu werden, statt dass wir unser eigenes Begehren direkt und klar zum Ausdruck bringen. Vor allem wir Frauen neigen dazu. Wir sind nur ein ganz klein wenig aktiv und hoffen, dadurch unseren Partner zur Aktivität zu motivieren. Aber solche Signale können so zart sein, dass der Partner sie nicht versteht. Und Sie bringen zudem nicht unsere Wünsche zum Ausdruck. Nämlich zum Beispiel, jetzt und hier Sex haben zu wollen.

Dieses Beispiel spricht die eigene Aktivität und die eigene Verantwortung im Bereich unserer Sexualität an. Wollen wir nicht nur »Objekt« sein, sondern auch »Subjekt«, dann müssen wir erstens wissen, wie wir ticken, was uns

139

blockiert, was uns gefällt, welche Wünsche wir haben, worüber wir fantasieren usw. Und zweitens müssen wir das auch klar kommunizieren. Damit sind wir mitten im Thema. Um Ängste oder Vorbehalte aus dem Weg zu räumen: In der Sexualität ist grundsätzlich alles erlaubt, was beiden Partner Spaß macht, freiwillig geschieht und niemanden verletzt. Bei manchen Wünschen und Fantasien fragen sich manche unter uns vielleicht verunsichert, ob das denn »normal« sei. Aber von dieser Vokabel können wir uns schnell verabschieden, wenn wir dem Berliner Sexualtherapeuten Christoph J. Ahlers Glauben schenken: »Den Begriff der Normalität gibt es in der Sexualwissenschaft deswegen nicht, weil Sexualität einem stetigen zeitlichen und kulturellen Wandel unterworfen ist. Er ist damit für die Sexualwissenschaft unbrauchbar. Es ist ein Begriff aus der Soziologie, der Mehrheitsverhalten zu beschreiben versucht.«

Auch wenn ich Wünsche und Fantasien in einem Kapitel behandle, sind die beiden Begriffe nicht gleichzusetzen. Es gibt Unterschiede. Wünsche beziehen sich meist auf solche Handlungen, Situationen und Sehnsüchte, die in der Wirklichkeit und in der echten Beziehung nach Erfüllung streben. Fantasien hingegen spielen sich großteils ausschließlich im Kopf ab und werden nicht in die Tat umgesetzt. Es wird hier von innerem Erleben und äußerem Verhalten gesprochen. Fantasien bleiben meist inneres Erleben.

Wünsche drücken wesentliche Aspekte unseres sexuellen Profils aus und spielen eine wichtige Rolle, die nicht vernachlässigt werden dürfe, sagt Susanna-Sitari Rescio. Egal wie lange wir sie dementieren, ignorieren oder unterdrücken, irgendwann werden sie wieder auftauchen und Erfüllung suchen. Die ständige Missachtung unserer Sehnsüchte kann Lustlosigkeit oder sexuelle Störungen verursachen oder dazu führen, dass wir sie womöglich eines Tages heimlich pflegen. Wenn wir unser Sexleben als erfüllend empfinden, ist alles gut. Wenn nicht, sollten wir über unsere Wünsche reden. Darüber was uns fehlt. Das Thema ist kein einfaches. Schließlich kann es Wünsche geben, die ich oder mein Partner einfach nicht erfüllen wollen, weil wir damit überfordert wären. Angenommen, ich habe den Wunsch nach weiteren Sexualpartnern – zur eigenen Selbstfindung oder um meinen Erfahrungshorizont zu erweitern. Ein solcher Wunsch kann meinen Partner ordentlich vor den Kopf stoßen. Oder ich wünsche mir eine bestimmte sexuelle Praxis, die für meinen Partner ein Tabu ist. Dafür gibt es freilich keine endgültigen Antworten. Jeder Einzelne muss in so einem Fall in sich gehen und herausfinden, was ihm wichtiger ist und inwieweit Kompromisse möglich sind, ohne dabei sich selbst zu verleugnen. Gott sei Dank sind nicht alle Wünsche beziehungs-inkompatibel, die meisten lassen sich erfüllen, sobald man sie offen ausspricht. Schließlich ist es üblicherweise beiden Partnern ein Anliegen, die gemeinsame Sexualität als befriedigend zu erleben. Und es ist kein Geheimnis, dass ein wesentlicher Lustfaktor die Erregtheit des Partners ist – Sie sollten also hoffentlich auf offene Ohren stoßen.

Erotische Fantasien sind vermutlich niemandem fremd. Wir alle haben sie oder haben schon einmal welche gehabt. Sie sind »Sex im Kopf«, wie auch ein Buch heißt, das die erotischen Fantasien der Deutschen erfasst hat. Anonym natürlich. Manche träumen von Sex an ungewöhnlichen Orten, manche von Sex mit Unbekannten, andere vom »flotten Dreier«, wiederum andere träumen von Fesselspielen. Der erotischen Fantasie sind ebenso wenige Grenzen gesetzt wie der menschlichen Fantasie allgemein. Wir dürfen uns bloß nicht über unsere Fantasien erschrecken oder uns gar dafür schmutzig und schuldig fühlen. Wir müssen deshalb noch lange nicht pervers sein, bloß weil wir bestimmte Fantasien haben. Lesen Sie doch einmal die vielen Beispiele in dem Buch »Sex im Kopf« – ich glaube kaum, dass die knapp 1.500 befragen Männer und Frauen allesamt pervers wären. So ein Buch zu lesen, kann einem viel Druck nehmen. Und, ich wiederhole mich: Fantasien wollen meist nicht in die Tat umgesetzt werden. Die Sexualtherapeutin Rescio schreibt etwa, dass es viele Menschen gebe, die Fantasien hätten von Unterwerfung bis hin zur physischen Gewalt, und die deshalb stark verunsichert wären. (Es gibt übrigens eine amerikanische Studie von Leitenberg und Henning, dass die zweithäufigste sexuelle Fantasie von Unterwerfung und sexueller Überwältigung handle. Das nur zur Beruhigung. Die häufigste betreffe übrigens Sex mit ehemaligen, gegenwärtigen oder imaginierten Liebespartnern.) Es gehe bei Fantasien eher darum, die innere Logik zu verstehen. So wäre es im eben beschriebenen Beispiel sehr wahrscheinlich, dass solche Menschen ihre Erregung vorwiegend über Druck und starke Anspannung des Körpers erreichen (vergleiche archaischer und mechanischer Erregungsmodus). »Harte« sexuelle Handlungen würden in der Fantasie eine besonders starke Erregung versprechen. Insofern können Fantasien auch als Spiegel unserer inneren Befindlichkeit gesehen werden. Sie reflektieren, wie wir sexuell funktionieren. Je nachdem, welche Details in den Fantasien im Vordergrund stehen, können wir daraus etwa erfahren, ob wir eher auf Körperdetails ansprechen oder aber auf starke Emotionalität, auf Bilder von Geschlechtsteilen oder eher auf Augen, Körpergerüche etc.

Erotische Fantasien tragen zur sexuellen Erregung bei; man kann sie bewusst ablaufen lassen oder aber sie »passieren« unbewusst, wenn wir etwa auf einen bestimmten Reiz reagieren und unser »Kopfkino« sich automatisch einschaltet. Das kann in der U-Bahn genauso sein wie alleine zu Hause im Bett. Nicht selten gibt man sich solchen Fantasien direkt beim Sex mit dem Partner hin, sehr häufig wird dabei an andere Personen gedacht. David Schnarch schreibt dazu, dass solche Gedankenflüge beim Sex vermutlich unvermeidbar wären, wir sollten sie aber dennoch – im Sinne einer erfüllenden Sexualität – kritisch im Auge behalten und zu reduzieren versuchen. Denn sobald ich beim Sex mit meinem

Partner gedanklich abschweife, bin ich logischerweise auch nicht mehr bei ihm. Ich bin mit meinem Kopf woanders und somit gefühlsmäßig nicht mit dem Partner verbunden. Fantasien beim Sex können somit die sexuelle Intimität stören.

》 *Ich stelle mir gerne Sex mit Fremden vor. Zum Beispiel mit einem Taxifahrer. Während ich hinter ihm sitze, lasse ich die Bilder kommen. Wie er mit mir an den Waldrand fährt, zu mir auf den Rücksitz kommt, mir meinen Rock hochzieht, seinen Reißverschluss öffnet ... Oder im Zug. Ich sitze alleine in einem Abteil, da kommt dann ein gutaussehender Mann herein, spricht nichts, zieht die Vorhänge zu, fasst mich am Becken an, rückt mich zurecht – und schon sind wir mittendrin. Natürlich würde ich im echten Leben das nicht machen, aber in der Fantasie ist es einfach großartig!*
(LYDIA G., WIEN)

》 *Manche Männer meinen im Ernst, Sex müsse so ablaufen wie im Porno. Daher habe ich schon einige schlechten Sex-Erlebnisse hinter mir. Mittlerweile sage ich klar, was ich will und dass ich eher auf romantischen Sex stehe. Wer das nicht akzeptiert, hat eben Pech gehabt.*
(ROMANA R., WIEN)

Schreibanregungen
Über Sex und die eigenen Wünsche zu reden, ist in der Tat nicht so einfach. Wie geht es Ihnen

damit? Würden Sie sich selbst als schamhaft bezeichnen? Wenn ja, wie beurteilen Sie diese Schamhaftigkeit? Können Sie mit Ihrem Partner über Sexualität reden? Über alle Bereiche, die Ihnen dazu einfallen? Wenn nicht, dann versuchen Sie einmal im folgenden Text, ein fiktives Gespräch mit Ihrem Partner zu führen. Schreiben Sie offen, ehrlich und schamlos, was Sie ihm immer schon einmal sagen wollten und vielleicht aus Scham nicht zu sagen wagten. Sie können es auch so sehen: geschrieben ist beinahe schon gesagt ...

Welche unerfüllten sexuellen Wünsche fristen in Ihnen ein verschämtes Dasein? Vergessen Sie getrost den Begriff der »Normalität«, lassen Sie für die folgende Übung auch Ihre Tabus und Glaubenssätze links liegen, und dann schreiben Sie schamlos drauf los: Das wünsche ich mir ... Das finde ich geil ... Wenn ich doch endlich einmal ... Wie auch immer Sie beginnen möchten, schreiben Sie ein »Listengedicht«, verwenden Sie also die Methode des seriellen Schreibens«, und schreiben Sie mindestens fünfzig Sätze (siehe Kapitel »Intuitive und kreative Schreibtechniken«, Seite 204)

Weil wir schon bei Wünschen und Fantasien sind: Nehmen Sie ein paar Zeitschriften zur Hand und blättern Sie sie in Ruhe durch. Gibt es dort Männer/Frauen, die Sie ansprechen? Mit denen Sie sich gleich etwas Nettes vorstellen könnten? Vielleicht finden Sie das eine oder andere Accessoire, das eine Rolle spielen könnte ... Zuletzt

lassen Sie den Zufall entscheiden, wo diese Begegnung stattfindet. Ich gebe Ihnen sechs Möglichkeiten und Sie würfeln sich eine. Und dann
schreiben Sie mit diesen Bildern im Kopf eine
erotische Geschichte.

Orte:
1 = Auf der Toilette in einer Bar
2 = In einem öffentlichen Park
3 = Im Zug
4 = In einem riesigen Himmelbett
5 = Am Strand
6 = Am Massagetisch

Ich habe in diesem Kapitel viel darüber geschrieben, *über* Sex zu sprechen. In dieser
Übung aber soll es darum gehen, *beim* Sex zu
sprechen. »Bettgeflüster« oder »Dirty Talk«, das
soll bekanntlich sehr prickelnd sein. Lassen Sie
sich nun in Ihrer Fantasie in eine ganz konkrete sexuelle Situation hineinfallen und flüstern Sie
los ...Versuchen Sie mit Worten, Ihren Partner so
richtig heiß zu machen. Trauen Sie sich.

Wenn uns die Worte fehlen, ... müssen wir welche erfinden. In dieser Übung bitte ich Sie, möglichst viele fantasievolle Worte zu finden oder
zu erfinden, die mit Sex zu tun haben: mit den
Geschlechtsteilen, mit dem Geschlechtsverkehr, mit verschiedenen sexuellen Praktiken, mit
bestimmten Ritualen, Spielen, was auch immer.
Nennen Sie die Dinge beim Namen, und Sie werden sehen, dass es auch im echten Gespräch

oder beim Bettgeflüster dann nicht mehr so schwierig ist.

Was halten Sie davon, einen Spaziergang durch die Stadt zu machen und all das zu fotografieren, was für Sie zu einer schönen Sexszene dazugehört? Und danach machen Sie eine persönliche Fotostory und schreiben knappe Sätze dazu. Das wäre doch auch einmal ein überraschendes Geschenk an Ihren Partner. Was meinen Sie?

» *»Sie wünschen bitte?«, fragt die Verkäuferin den Kunden. Meint er achselzuckend:»Ich wünsche, dass Sie sofort Ihre Klamotten ausziehen, sich auf den Ladentisch legen und sich von mir durchnehmen lassen. Das ist, was ich mir wünsche. Was ich brauche, sind zwei Paar Socken.«*

5. Sich hingeben und davontragen lassen

Bei der Wortfolge »sich hingeben« denken wohl die meisten Menschen, auch jene, die sich nicht mit Sexualität beschäftigen, automatisch daran, sich beim *Sex* hinzugeben, vor allem Frauen. Tatsächlich leitet sich das Wort aber von »Hingabe« ab und meint eine rückhaltlose innere Beteiligung für etwas, das für uns selbst von höchstem persönlichen Wert ist. Hingabe bedeutete kein aktives Drängen, sondern ein Sich-Zuwenden, ein Sich-Öffnen und Empfangen, und zwar nicht nur in der Sexualität. Aber eben auch in der Sexualität. Schon Kant hat in seinen »Metaphysischen Anfangsgründen der Rechtslehre« (1797) festgestellt, dass

Mann und Frau sich im Geschlechtsakt einander hingeben. Die Liebenden machen sich füreinander zum Genussobjekt, wobei das Genießen, obwohl von aktiven Momenten durchsetzt, im Ganzen ein passives Verhalten sei.

Diese Aussage ist nicht zu verwechseln mit dem oben erwähnten Subjekt-Objekt-Gedanken, also passiv zu bleiben und dem Partner alles machen zu lassen. Ich verstehe Kants Aussage des Sich-Hingebens so, dass wir uns den erregenden Gefühlen ganz »überlassen« und uns von ihnen bereitwillig davonragen lassen.

Tatsächlich spricht auch die Paartherapeutin Susanna-Sitari Rescio davon, dass Sexualität in ihrem Wesen eher ein »Zulassen« als ein »Machen« ist. Es geht weniger darum, jemand anderem zu Lust zu verschaffen, als vielmehr selbst dafür offen zu sein, dass Lust geschehen könne. Wir müssen uns erlauben, Erregungsgefühle körperlich zuzulassen und sie zu intensivieren, indem wir dem Körper die Regie überlassen und dem Geist die Kontrollfunktion für eine Zeit entziehen. So werden wir die Erfahrung machen, dass alles von alleine geschehe, weil der Körper eine ihm innewohnende Weisheit besitze, die uns durch dieses sinnliche Abenteuer führen wird. Er reagiert »automatisch« auf etwas, das uns guttut oder nicht guttut und wird sich intuitiv so bewegen, dass das Gute verstärkt wird. Wir haben leider schon so oft die Signale unseres Körpers ignoriert und ihm »wichtigere« darübergestülpt, etwa Gedanken, sodass wir diese Körperintuition vielleicht erst wieder lernen müssen. Eine Übung dazu könnte sein, Musik zu machen, sich alleine in einem Raum aufzustellen und alle Körperteile sich so bewegen zu lassen, wie sie sich dazu intuitiv bewegen würden, von alleine, ohne Ihr bewusstes Zutun. Das mag befremdend klingen, sich auch so anfühlen, aber mit der Zeit bekommen Sie mehr und mehr Übung darin. Sie können sich auch einmal ins Bett legen und darauf warten, was Ihr Körper nun macht. Beginnen Ihre Hände Sie zu streicheln oder wollen sie sich unter

Ihrem Kopf verschränken oder möchte sich Ihr Körper zur Seite drehen usw.? Oder: Sie gehen in einen Raum und halten für einen Moment inne. Wie ist die Reaktion Ihres Körpers? Wenn Sie hin und wieder solche Übungen einbauen, bekommen Sie ein neues Gespür für Ihren Körper. Und vielleicht führt er sie dann auch gekonnt durch sinnliche Abenteuer. Die Sie nur noch zu genießen brauchen.

Genießen müssen Sie allerdings wollen und auch können. Dazu gleich mehr im nächsten Abschnitt.

Können Sie genießen?

Mit Freunden bei einem Glas Wein lachen, während sich in der Küche das Geschirr stapelt; den Kuss des Partners genießen, obwohl wir schon zu spät dran sind; uns beim Spaziergang ins Gras setzen, nach der Arbeit mit Buch und Tee in die Badewanne gleiten, beim Wandern immer wieder einmal innehalten und die Aussicht bewundern, im Restaurant das komplette Sechs-Gänge-Menü bestellen, am Abend nur bei Kerzenlicht sitzen und leise Musik hören, wieder einmal alte LPs hervorkramen und in Erinnerungen schwelgen, für sich alleine das Rezept eines Haubenkochs nachkochen und dabei schon in der Küche ein Kochachterl kosten, ...

Klingt das nicht herrlich? Doch statt diesen Zustand anzustreben, versuchen viele von uns eher, sich »maßlos zu mäßigen«, wie es der Philosoph und Kulturtheoretiker Robert Pfaller in seinem Buch »Wofür es sich lohnt, zu leben« bezeichnet. »Statt zu fragen, wofür wir leben, fragen wir uns nur noch, wie wir möglichst lange leben.« Eine Kölner Studie aus dem Jahr 2012 mit dem Titel »Die Unfähigkeit zu genießen – die Deutschen und der Genuss« stellt Ähnliches fest: Für 91 Prozent macht der Genuss zwar das Leben erst lebenswert, 46 Prozent allerdings, bei den Jungen gar 55 Prozent, geben an, dass es im stressigen Alltag immer weniger gelingt, zu genießen. Für 81 Prozent verlangt der Genuss eine Legitimation, man muss ihn sich also verdienen. Am ehesten gönnen sich die Befragten einen Saunagang oder einen Besuch im Restaurant, was einem geplanten, rationalen Genuss gleichkommt.

Die Begriffe »genießen« und »Achtsamkeit« haben viele Gemeinsamkeiten. Beide haben mit der Fähigkeit zu tun, im Hier und Jetzt verankert zu sein. Das, was im Moment *ist*, wahrzunehmen. In sich hineinspüren lernen. Wie geht es mir? Was fühle ich? Was schmecke ich? Was höre ich?

Zum Genießen braucht es das Loslassen, auch der vielen To-do-Listen, eine Hingabe an den Moment, alles andere einmal vergessen können, offen sein für Sinneseindrücke und für das, was einem begegnet. Man muss es sich schlichtweg erlauben, das Leben genießen zu dürfen. Wie wäre es damit, sich nach der Arbeit gleich einmal auf die Couch zu legen und Musik zu hören, statt zuerst den Haushalt zu erledigen; oder damit, den Partner zu einem feinen Essen auszuführen, obwohl heute eigentlich »Keller ausmisten« am Programm gestanden wäre; oder dem feinen Kaffeegeruch in der Stadt zu folgen und sich einen herrlichen Cappuccino samt Sachertorte zu gönnen?

Lust ist kein Zufall. Sie ist ein Willensakt. Und wir sind diejenigen, die bestimmen. Niemand sonst. Und das beginnt bereits bei den vielen kleinen alltäglichen Momenten.

»   Ein Mann kommt ins Schlafzimmer und findet
einen Zettel von seiner Frau: »Ich habe mich versteckt.
Wenn du mich in drei Minuten findest, bekommst du
einen Kuss. Schaffst du es in zwei Minuten, bekommst
du einen Zungenkuss. Findest du mich in einer, wird
es eine ganz tolle Liebesnacht. P. S.: Bin im Schrank.«

»   ... Aber es war zu schnell vorüber, zu schnell,
und sie vermochte nicht mehr durch eigenes Bemühen
zu ihrem Ende zu kommen. Dies war anders, anders.
Sie konnte nichts tun. Sie konnte ihn nicht halten und
ihre eigene Befriedigung von ihm erzwingen. Sie konnte
nur warten, warten und stöhnen, als sie spürte, wie
er sich zurückzog, sich aus ihr zog, sich zusammenzog
und es zu dem schrecklichen Augenblick kam, da er
ganz aus ihr gleiten und fort sein würde. Während
doch ihr Schoss offen war und weich und sanft nach
ihm schrie – wie eine Seeanemone unter der Flut,
nach ihm schrie, daß er wieder zu ihr komme und
ihr Erfüllung bringe. Bewußtlos vor Leidenschaft,
klammerte sie sich an ihn, und er glitt nie ganz aus
ihr, und sie fühlte, wie seine weiche Knospe sich in
ihr regte und seltsame Rhythmen sie durchspülten,
mit seltsamer, rhythmischer, wachsender Bewegung,
schwollen, schwollen, bis sie ihr ganzes klaffendes
Bewußtsein überfluteten, und dann begann wieder die
unsagbare Bewegung, die keine wirkliche Bewegung
war, sondern reiner, immer tiefer strudelnder Wirbel
des Empfindens – tiefer und immer tiefer trichterten
sie sich durch ihr ganzes Gewebe und ihr Bewußtsein,
bis sie ein einziges, sattes, konzentrisches Fließen des

Gefühls war, und dalag und schrie, in unbewußten,
unartikulierten Schreien. Die Stimme aus der
tiefsten Nacht, das Leben! Fast scheu hörte es der
Mann unter sich, als sein Leben in sie überfloß.
(AUS: D. H. LAWRENCE, LADY CHATTERLEY)

Schreibanregungen

Machen Sie ein Cluster (siehe Kapitel »Intuitive und kreative Schreibtechniken«, Seite 199) und notieren Sie alles, was für Sie »Genuss« bedeutet. Anschließend machen Sie eine kritische Bestandsaufnahme: Wann haben Sie zum letzten Mal solche Momente, Aktivitäten genossen? Wie viel Raum geben Sie dem »Genießen« in Ihrem Leben? Was braucht es Ihrer Meinung nach, damit Sie verschiedene Situationen wieder öfter genießen können? Entscheiden Sie sich abschließend für drei Beispiele aus Ihrem Cluster und nehmen Sie sich vor, diese in den nächsten Tagen bewusst zu genießen.

Sicher, Sie können Sex als eine »schnelle Sache nebenbei« betrachten. Aber warum sollten Sie das tun, wenn Sex anders wesentlich schöner und intensiver sein kann? Mangelnde Zeit, Stress, Hektik sind die größten Lustkiller unserer Zeit. Jede und jeder von uns hat zu viel zu tun, muss in der Früh schnell aus dem Bett und will am Abend rasch wieder hinein. Wie müsste ein Tag aussehen, von dem Sie sich vorstellen können, von sich aus große Lust auf Sex zu bekommen?

Stellen Sie sich vor, Sie sind in ein großartiges Restaurant eingeladen und dürfen mehrere Gänge eines Vier-Hauben-Menüs wählen? Wie werden Sie dieses Mahl wohl genießen, wenn zu Hause Ihre Tochter mit Fieber liegt und Sie in Gedanken bei ihr sind? Wohl kaum – und das ist verständlich. Genauso ist es mit Sex und jedem anderen sinnlichen Erlebnis. Wenn Sie mit Sex beschäftigt sind, darf es nur das geben, sonst nichts. Ihr Körper kann nicht da und dort sein. Sie rauben sich selbst die schönsten Gelegenheiten, wenn Sie nicht ganz bei der Sache sind. Im genannten Beispiel ist es vermutlich besser, bei der Tochter zu Hause zu bleiben. Ganz oder gar nicht lautet ein Sprichwort – und es hat seine Berechtigung.

Schreiben Sie die absurdesten Gedanken auf, die Sie beim Sex schon einmal hatten. Und vielleicht erinnern Sie sich auch an die Qualität jener Erlebnisse?

Sinnlichkeit beginnt nicht erst beim Sex

Sex ist sinnlich. Wir reagieren zunächst einmal auf sinnliche Reize und erleben auch sexuelle Begegnungen über den Körper: wir sehen, fühlen, hören, schmecken und riechen.

Die Sinnlichkeit beginnt aber nicht erst beim Sex. Sie ist vielmehr Voraussetzung für lustvolle Empfindungen. Wer grundsätzlich in seinem Leben auf Sinnlichkeit achtet, also seine Sinne schult, wird für entsprechende Empfindungen auch in der Zweisamkeit empfänglicher sein. Der Sexualtherapeut David Schnarch bringt als Beispiel dafür den Vergleich, den Körper als Gerät zu sehen, das elektrische Signale erfasst. Das Gerät reagiert, wenn ein eintreffendes Signal ausreichend stark ist, um registriert zu werden. Je empfindlicher das Gerät, desto mehr Signale kann es aufnehmen. Je mehr wir unseren Körper »trainieren«, auch schon auf kleine Signale zu reagieren, desto mehr Signale wird er insgesamt als solche erkennen und entsprechend empfangen. Genießen wir zum Beispiel das Stück Schokolade, das wir gerade in den Mund stecken, oder schlucken wir es einfach hinunter, während wir uns unterhalten? Oder spüren wir, wie weich der Stoff der Bluse auf unserer Haut ist? Oder hören wir beim Joggen den Wind und die Vögel oder sind wir nur mit unseren Gedanken beschäftigt? Sehen wir, wie schön gerade die Sonne beim Fenster hereinscheint? Merken wir, wie uns jemand einen liebevollen Blick zuwirft?

Sinnliche Erfahrungen machen wir schon im Babyalter: lustvolles Daumenlutschen, hingebungsvolles Nuckeln an der Brust, Spielen im Matsch, ... Unser gesamtes Leben besteht eigentlich aus sinnlichen Erfahrungen. So gesehen befinden wir uns in einem ständigen Zustand der Sinnlichkeit, wir sind in jedem Augenblick unseres Lebens sinnliche Wesen. Die Frage ist, ob wir unsere Aufmerksamkeit auch auf sinnliche Eindrücke richten, wie stark wir sie wahrnehmen, welche Bedeutung wir ihnen beimessen und was wir dabei empfinden.

Bewusst sinnlicher zu werden, wird nicht nur Ihr gesamtes Leben lebendiger, intensiver und farbiger machen, sondern auch Ihre Sexualität.

Haben Sie schon einmal im Juni die Ähren eines Weizenfeldes berührt und sich von den rauen, beinah klebrigen Fäden kitzeln lassen? Wann sind Sie das letzte Mal eine Wiese mit ausgebreiteten Armen hinab gelaufen? Kennen Sie das Gefühl, wenn Sie von einem Waldspaziergang so glücklich heimkommen, als wären Sie frisch verliebt? Können Sie sich vorstellen, dass es Sie erregt, barfuß über den feuchten Waldboden zu gehen, vielleicht in einem bodenlangen Rock, der Sie wallend umspielt? Haben Sie schon einmal am Wegrand verstohlen Kirschen gepflückt und jeden einzelnen Tropfen dieses süßen Saftes genossen wie eine Praline? Hat Sie jemals ein Lied zum Weinen gebracht? Kennen Sie die Geborgenheit, die einen umgibt, wenn man den Hals eines Pferdes umarmt und dabei seinen warmen dampfenden Geruch tief in die Nase einsaugt? Woran erinnert Sie die fleischige Konsistenz einer Aubergine? Wissen Sie, wie es sich anfühlt, wenn Sie die Sonne liebkost?

Das alles kann Sinnlichkeit sein. Ein Wahrnehmen und Aufnehmen. Sinnlichkeit hat so viele unterschiedliche Facetten, wie es Momente in einem Leben gibt.

» *Nie habe ich das charakteristische Gefühl jener Tage, jene wunderlich bittersüße Doppelstimmung heftiger empfunden als in jener Nacht vor dem Ball. Es war Glück, was ich empfand: die Schönheit und Hingabe Marias, das Genießen, Betasten, Einatmen von hundert feinen holden Sinnlichkeiten, die ich erst so spät, als alternder Mensch, hatte kennenlernen, das Plätschern in einer sanften, wiegenden Welle von Genuß.*
(AUS: HERMANN HESSE, STEPPENWOLF)

Schreibanregungen
Können Sie sich an sinnliche Erlebnisse in Ihrer Kindheit erinnern? Zum Beispiel ein Eis essen, den Teller abschlecken, Löwenzahn kauen, gekitzelt werden?

Schreiben Sie nun solche sinnlichen Erlebnisse auf, eine zufällige Liste, schnell und spontan. Halten Sie sich gar nicht länger bei der einen oder anderen Erinnerung auf. Schreiben Sie eine Liste mit »Ich erinnere mich ...« und eine mit »Ich erinnere mich nicht ...« Denn wir haben vermutlich mehr nicht konkret erinnerte Sinneseindrücke als erinnerte. Auch das ist Bewusstseinsarbeit: Es gibt verschwommene, diffuse Erinnerungen, die uns nicht mehr präsent sind. Wie war das, wenn Ihre Mama Ihnen ein Gute-Nacht-Lied vorgesungen hat oder wenn Sie von der Schaukel gesprungen sind? Versuchen Sie, sich an solche Erlebnisse bewusst zu erinnern.

Welche sinnlichen Wahrnehmungen lösen heute in Ihnen wohlige Gefühle aus? Ist es der Jasminduft, den Sie riechen, wenn Sie beim Nachbarn vorbeigehen, ist es der Geschmack einer Karotte, die Sie gerade selbst aus der Erde ziehen und die noch kühl und feucht ist, ist es der Anblick des aufsteigenden Vollmonds beim Abendspaziergang, das tosende Geräusch eines Wasserfalls, ein gutes Stück Schokolade, das Sie langsam in Ihrem Mund zergehen lassen, feiner Sommerregen auf Ihrer Haut? Schreiben Sie alles auf, was Ihnen dazu einfällt. Vielleicht möchten Sie so beginnen: Ich genieße es, wenn ... Oder anders: Machen Sie Ihren persönlichen Text daraus. Gerne auch einen lyrischen.

Denken Sie an eine Aktivität, die Sie gerne und oft machen. Wie lässt sich diese Aktivität beschreiben, wenn sie Ihre Sinne erzählen? Versuchen Sie es!

Gehen Sie an einen beliebigen Ort und schließen Sie die Augen. Bleiben Sie mindestens zehn Minuten so sitzen/stehen und nehmen Sie alles wahr, was passiert. Unser Sehsinn ist der stärkste Sinn, mit ihm nehmen wir am meisten wahr. Die anderen Sinne führen oft ein Dasein im Hintergrund. Bei dieser Übung schließen Sie Ihren stärksten Sinn aus und fordern bewusst die anderen zu Höchstleistungen. Sie werden sehen, was Sie alles wahrnehmen, wenn Sie erst die Augen schließen. Schreiben Sie anschließend einen Text über Ihre Eindrücke.

Suchen Sie sich einen Ihrer fünf Sinne aus. Und schreiben Sie eine Ode an ihn oder an ein ihm zugehöriges Körperteil, zum Beispiel »Ode an meine Lippen« oder »Ode an meine Ohren. (Eine Ode ist eine Gedichtform, die einen feierlichen, erhabenen Stil hat und oft in Versen abgefasst ist.)

Was liebt Ihr Körper? Mag er es, wenn Sie mit dem Fahrrad wild einen Berg hinunterfliegen, mag er es, wenn Sie von einem Fünf-Meter-Turm springen, tanzt er gerne, liebt er es, Yoga zu praktizieren, mit einem Pferd am Waldrand entlang zu galoppieren, in einem Fluss zu schwimmen, massiert zu werden, Sex zu haben? Egal, wie verrückt uns manches erscheinen mag, unser Körper hat seine eigenen Vorstellungen davon, was ihm Freude und Vergnügen bereitet. Lassen Sie ihn doch einmal zu Wort kommen. Schließen Sie die Augen, atmen Sie tief in Ihren Körper hinein und lassen Sie all die Vergnügungen heraussprudeln, die er Ihnen zuflüstert. Notieren Sie alles, damit Sie diese Erfahrung so schnell nicht mehr vergessen.

Und nun: Was von diesen sinnlichen Eindrücken und Aktivitäten, die Sie aufgeschrieben haben, haben Sie schon lange nicht mehr erlebt oder empfunden und würden Sie gerne wieder einmal genießen? Schreiben Sie mindestens drei Dinge auf, die Sie sich noch diese Woche zu tun vornehmen.

Ein Tipp zum »Handwerk« Schreiben: Schreiben wird umso lebendiger, wenn wir erstens möglichst genau *zeigen*, was wir erzählen wollen, und wenn wir zweitens nicht nur von unserem Sehsinn Gebrauch machen. Die Leserinnen wollen sich in eine Szene, in eine Geschichte hineinversetzen können, sie so authentisch wie möglich präsentiert bekommen und selbst erleben. Je besser sie sich also die erzählten Inhalte vorstellen können, desto besser erleben sie dies auch mit. Mit szenischem und sinnlichem Schreiben gelingt dies nun einmal viel leichter. Etwas zu zeigen, meint, etwas so darzustellen, als würde es sich direkt vor den Augen der Leserinnen abspielen: Statt »Er war nervös« (beschreibt) zu schreiben, wird es vielleicht anschaulicher, wenn man sich für folgende Formulierung entscheidet: »Er trommelte mit den Fingern auf den Tisch und blickte ununterbrochen zur Tür« (zeigt). Der Schreibende versucht so, die persönliche Eigenart der Figur zu zeigen, wenn sie nervös ist. Ähnliches passiert, wenn wir unterschiedliche Sinneseindrücke verwenden, die eine bestimmte Szene noch besser zeigen können. Wie riecht etwas, wie klingt etwas, wie genau miaut diese eine Katze etc. Hier drei Beispiele von Sol Stein:»Wir stiegen immer weiter hinunter. Ich hörte auf, die Stufen zu zählen. Der modrig feuchte Geruch verriet mir, daß wir schon ein gutes Stück unter der Erde waren.« Und»Greg wußte, daß er den Leuten mit seinem Händedruck weh tat.« Und»Am Telefon klang Marys Stimme wie Musik. Ich konnte die Worte nicht verstehen, aber ich wußte, was sie sagen wollte.«

Um solche Texte schreiben zu können, ist die Fähigkeit, genau beobachten und wahrnehmen zu können, gefordert. Schreiben ist daher gleichzeitig eine gute Sinnesschulung.

6. Aktives Tun

Nun kommen wir endlich zur Sache. Haben Sie schon einmal darüber nachgedacht, warum Sie mit Ihrem Partner Sex haben?

Es gibt viele verschiedene Gründe für Sex. Wir können Sex haben, weil wir:

- Nähe und Geborgenheit spüren wollen;
- gerne Kinder haben möchten;

- uns körperlich erregt fühlen;
- Stress haben und Sex uns entspannt;
- danach besser schlafen;
- uns verunsichert fühlen und über den Sex Bestätigung suchen;
- durch den Sex unsere Beziehung bestätigen möchten;
- Ruhe haben wollen und deshalb dem Wunsch des Partners einfach nachgeben.

Darüber hinaus gibt es viele weitere Gründe, die uns zu sexuellen Handlungen motivieren. Jede neue sexuelle Begegnung kann aus anderen Beweggründen heraus motiviert sein und zudem kann Ihr Partner jedes Mal einem anderen Motiv folgen. Sich flexibel aufeinander einzulassen und die unterschiedlichen Bedürfnisse zu befriedigen, ist übrigens auch ein Zeichen von reifer Beziehung und erfüllender Sexualität.

Sexualität ist eine Ressource, die uns helfen kann, mit den Belastungen in unserem Leben besser umzugehen. Mit Sex können wir tiefe Entspannung erleben, emotional, körperlich und geistig. Dabei lässt sich Sexualität gleichzeitig als Ausdruck von Liebe, Geilheit, Wertschätzung, Zugehörigkeit, Vertrauen, Bindungsfähigkeit und Hingabe sehen.

Wollen wir nun unser naturgegebenes Potenzial bestmöglich ausschöpfen und »sexuelle Kompetenz« entwickeln, braucht es nach Aussage vieler Sexualtherapeutinnen eben jene reife Persönlichkeit, von der in diesem Buch ständig die Rede ist. Einige körperliche Aspekte dieser Reifung kommen nun in diesem letzten Kapitel zur Sprache.

» *Seid reinlich bei Tage*
Und säuisch bei Nacht.
So habt ihrs auf Erden
Am weitesten gebracht.
(JOHANN WOLFGANG VON GOETHE)

Begehren, Erregung, Lust

Sie und Ihr Partner sind abends zur gleichen Zeit im Bad. Während Sie gerade Ihre Zähne putzen, beobachten Sie Ihren Partner, wie er sich duscht, wie er sich einseift und genüsslich den Wasserstrahl über seinen Körper fließen lässt. Plötzlich bekommen Sie Lust, mit ihm zu schlafen. In Ihrem Kopf entstehen Bilder, wie sie beide jetzt gleich ins Schlafzimmer gehen werden, wie Sie sich ausziehen, zu ihm kuscheln, ihn küssen und zu streicheln beginnen ... Begehren findet *vor* dem Sex statt. Begehren ist die gedankliche Vorwegnahme einer sexuellen Begegnung. Es ist wie Träumen mit offenen Augen, wenn wir an einen bestimmten Menschen oder eine bestimmte Situation denken. Begehren kann direkt in körperliche Erregung übergehen. Um überhaupt begehren zu können, brauchen wir eine gute Beziehung zu uns selbst und unserem sexuellen Körper. Für Sie als Frau heißt das, sich gut in Ihrem Geschlecht verankert zu fühlen, einen positiven Kontakt zu Ihren sexuellen Bedürfnissen zu haben und sich aktiv danach zu sehnen, Sex haben zu wollen. Schuldgefühle, Scham, Unsicherheit und negative Erfahrungen können das Begehren behindern. Selbst-Bewusstsein hingegen wird es fördern. Ebenso eine tiefe Verbundenheit mit Ihrem Partner. Damit aus der körperlichen Erregung Lust entsteht, braucht es die eigene Erlaubnis und den Willen dazu.

Schreibanregung
Versuchen Sie, Ihre persönliche Reise vom Begehren bis hin zur Lust nachzuempfinden. Was ist dabei förderlich, was hinderlich? Wo in Ihrem Körper spüren Sie die Anfänge, wo spüren Sie es, wenn die Lust stärker wird? Wann begehren Sie Ihren Partner am stärksten? Wie ist es wohl umgekehrt? Woran könnte Ihr Partner merken, dass Sie ihn begehren und dass Sie erregt sind?

Sammeln Sie Eindrücke. Achten Sie in den nächsten Tagen doch einmal darauf, was Sie alles an Sex erinnert, was alles von dem, was Sie sehen, Sie erregen kann und Begehren auslöst. Notieren Sie zwanglos alles, was Sie anspricht.

Die Kunst der Berührung

Am Morgen wecken Sie Ihre Kinder mit einem Kuss auf die Wange, beim Frühstück streichen Sie Ihrem Partner im Vorübergehen eine Haarsträhne aus dem Gesicht, zum Abschied umarmen Sie ihn kurz und hasten in die Arbeit, dort begrüßen Sie Ihre neue Kollegin und geben ihr herzlich die Hand, mittags treffen Sie Ihre Freundin, die gerade eine schwierige Zeit durchmacht, küssen sie links und rechts, drücken sie schließlich fest an sich. Am Abend in der Küche drückt sich Ihr Partner von hinten an Sie heran, umfasst sie innig und küsst Sie in den Nacken. Jede Berührung ist anders. Viele davon nehmen wir nicht bewusst wahr. Wenn wir uns aber mit Berührung unserem Partner zuwenden, so kann dies ein sehr intimer Moment werden. Ja, die Berührung unseres Partners kann sogar einer tiefen Meditation gleichen. Dann etwa, wenn wir mit voller Aufmerksamkeit und beinahe andächtig unsere ganze Energie in diese Berührung hineinfließen lassen.

Körperkontakt ist ein fundamentales Bedürfnis von Menschen, eine unbedingte Notwendigkeit von der Geburt bis zum Tod. Und gerade in der Sexualität spielt Berührung eine zentrale Rolle. Man kann sich auf unterschiedlichste Arten berühren – entscheidend ist aber immer, ob wir mit dem Gefühl dabei sind, also ob wir mit »Herz und Seele« berühren. Wenn ich hier von Berühren schreibe, meine ich nicht nur die Berührung mit den Händen, sondern auch die Berührung mit den Lippen, mit der Zunge, mit den Zehen, mit Accessoires wie Federn, Tüchern etc. Zum Berühren gehören immer zwei Personen: eine, die die Berührung gibt, und eine, die sie empfängt. Wir alle spüren solche Berührungen, sowohl als Gebende als auch als Empfangende, und wir empfinden sie unterschiedlich. Wie intensiv wir sie jeweils wahrnehmen, körperlich und emotional, hängt auch davon ab, welcher Aufmerksamkeit wir dieser Berührung schenken. Sind wir einander vollkommen zugewandt? Konzentrieren wir uns auf die Empfindungen unseres Gegenübers? Oder sind wir gedanklich abwesend? Wenn wir ganz anwesend sind, bei uns und beim Partner, lassen wir eine tiefe emotionale Nähe zu und ebnen damit auch den Weg zu einer intensiven Lusterfahrung.

Es gibt unterschiedliche Arten der Berührung. Bleiben wir bei intimen partnerschaftlichen Berührungen, gibt es solche, die eher auf sinnliches Erleben abzielen, und solche, die gezielte Erregung und Lust bewirken. Die Grenzen sind freilich fließend. Berührungen übrigens, die ganz absichtslos gegeben werden, empfinden wir als besonders angenehm. Eine spezielle Rolle spielen Berührungen des Intimbereichs. Intimbereich meint in diesem Zusammenhang nicht nur das Geschlecht und die Analzone, sondern auch Brüste, Brustwarzen, Kopf, Gesicht. Wir alle haben vermutlich schon einmal erlebt, wie intim es sich anfühlt, wenn jemand unser Gesicht berührt. Unsere Gesichtszüge können viele Gefühle und Empfindungen verbergen, die bei Berührungen sichtbar und fühlbar werden. Wenn wir hier ganz behutsam und achtsam berühren, wird sich unser Partner besonders beschützt und geborgen fühlen.

Wenn es darum geht, das Geschlecht des Partners zu berühren, spielt viel davon eine Rolle, womit Sie sich nun bereits beschäftigt haben: mit Ihrer Einstellung zur Sexualität, mit Ihren Gedankensätzen und Gefühlen, mit Ihrem eigenen Zugang zu Ihrem Geschlecht. Wenn Sie etwa Ihr eigenes Geschlecht wie einen Fremdkörper behandeln, kann dies die Intensität der sexuellen Erfahrung einschränken und auch die Qualität, wie Sie Ihren Partner am Geschlecht berühren. Das eigene Geschlecht wohlwollend zu akzeptieren, wird die Art der Berührung beeinflussen. Das Geschlecht des Partners zu berühren, kann in gewisser Hinsicht sogar einen heilenden Moment darstellen, speziell wenn das Geschlecht nicht erregt ist, darin sind sich viele Sexualtherapeuten einig. Etwa den Penis des Partners in der Hand zu halten, ohne von ihm zu erwarten, dass er sofort »funktionieren« müsse, kann Schamgefühle und alte Kränkungen lösen, setzt aber eine gewisse Reife der – in diesem Fall – Frau voraus. Nämlich jene, dass sie sich auch attraktiv fühlt, ohne dass eine Erektion des Partners ihr dies beweisen muss.

Es ist ein lohnenswerter Versuch in einer Partnerschaft, sich am Geschlecht einmal absichtslos zu berühren, ohne etwas voneinander zu wollen. Auf diese Art kann tiefes Vertrauen und Verbundenheit entstehen. Für viele Menschen ist dieses Vertrauen notwendig, um sich wirklich öffnen und auch fallenlassen zu können.

》 *Und danach, als sie ganz still dalagen, mußte die*
Frau den Mann wieder aufdecken
und das Mysterium des Phallus betrachten.
›Und jetzt ist er ganz winzig und weich wie eine kleine
Knospe Leben!‹ sagte sie und nahm den weichen
kleinen Penis in die Hand. ›Ist er nicht wunderschön!
So ganz eigenständig, so seltsam! Und so unschuldig!‹
(AUS: D. H. LAWRENCE, LADY CHATTERLEY)

» *Bei mir sind Nacken und Hals hochsensibel.*
Wenn mein Mann hier mit den Fingernägeln
entlang fährt, beginnt alles in mir zu pochen.
(VERENA S., SALZBURG)

» *Mein Freund und ich sehen uns oft sehr*
lange und sehr intensiv in die Augen. Diese
Berührung mit den Augen ist ein erotischer Anfang,
so heftig, dass ich ihn kaum beschreiben kann.
Mit der Zeit kommen auch sanft die Finger ins
Spiel. Immer noch mit Blickkontakt. Es ist nicht
zum Aushalten! Wir spüren dabei beide, wie stark
unsere Zuneigung ist – und auch unsere Erregung.
(PETRA S., WIEN)

Was Küsse alles sagen können ...

Küsse sagen sehr viel über Menschen, über die Partnerschaft und über die Art der Erregung aus. Ein Kuss ist nie einfach ein Kuss. Er trägt stets auch die »emotionale Unterschrift« des Küssenden und Geküssten, wie der Sexualtherapeut Schnarch es formuliert. Und wir kennen das natürlich aus eigener Erfahrung: Wir küssen anders, wenn wir uns über unseren Partner gerade geärgert haben, als wenn wir gleich Sex mit ihm haben möchten – um nur zwei extrem weit auseinanderliegende Situationen zu bezeichnen. Dazwischen gibt es unzählige Variationen und Feinheiten. Auch wie sich für *uns* ein Kuss anfühlt, sagt nicht nur etwas über den Partner aus, sondern sehr viel über uns, über unsere Sexualität, über unsere Intimität, über unsere Lebensgeschichte und aktuelle Befindlichkeit.

Küsse senden eine Botschaft aus. Küsse können freundlich, traurig, demonstrativ, einladend, endgültig, süß, höflich, leidenschaftlich sein. Wenn ein Blick mehr sagt als tausend Worte, sagt ein Kuss mehr als eine Million Wörter. Küsse haben darüber hinaus hohes erotisches Potenzial. Die Macht des Kusses dürfen wir nicht unterschätzen. Wenn wir uns beim Küssen nicht völlig auf unseren Partner einlassen, unsere Konzentration nicht auf genau diesen Kuss in diesem Moment richten, sondern ihn womöglich »abwesend« und »mechanisch« küssen, wird unsere Leidenschaft auch beim Sex eingeschränkt bleiben. Gerade beim Küssen sieht der Alltag leider häufig trist aus. Viele Küsse geben wir flüchtig und im Vorübergehen, ohne Gefühl hinzulegen, automatisiert. Auch in der erotischen Situation führen Küsse oft ein tristes Dasein. Dabei braucht es nur die besondere Aufmerksamkeit auf diesen Moment und der Kuss verändert sich sofort, noch in der gleichen Sekunde. Probieren Sie es einmal! Das nächste Mal, wenn Ihr Partner Sie am Morgen zum Abschied küsst, halten Sie inne, nehmen ihn kurz in den Arm und küssen ihn danach ganz bewusst. Hundert und eins, wetten? Sie beide werden auch sofort den Unterschied spüren, wenn Sie beim nächsten erotischen Zusammentreffen im Bett Ihre volle Aufmerksamkeit auf einen Zungenkuss legen, Ihre eigene Zunge bewusst wahrnehmen, wie sie zuerst die Zungenspitze des Partners berührt, dann sie umspielt, vielleicht Richtung Gaumen wandert, ihn entlangstreift … Er wird verzaubert sein!

Berührungen und Küsse werden oft als »Vorspiel« bezeichnet. Wobei ich hier gleich mit einem Vorurteil aufräumen möchte, nämlich mit jenem, dass Frauen immer ein langes Vorspiel bräuchten. Frauen können genauso schnell »auf Touren« kommen wie Männer. Und doch gibt es vor jeder sexuellen Begegnung ein Vorspiel. Es kann sich lange hinziehen oder schnell vorüber sein, sanft oder stürmisch sein. Schon die Art und Weise, wie ich meinen Partner vor dem

Sex ansehe, gehört zum Vorspiel. Es ist eine bewusste oder unbewusste Kommunikation, die die Grundstimmung festlegt und wie die sexuelle Begegnung weiterverlaufen wird. Ein Dialog. Haben Sie schon einmal versucht, mit offenen Augen zu küssen? Eine interessante Erfahrung, sie verändert das sexuelle Beisammensein! Dies gilt übrigens auch für andere sexuelle Handlung. Wir sind es gewohnt, die Augen zu schließen und uns mehr auf unsere eigenen Empfindungen zu konzentrieren als auf den Partner. Sex mit offenen Augen bedeutet eine intensive Intimität, die oft schwer auszuhalten wäre. Wer sich dazu entschließt, muss sich darüber im Klaren sein, dass dies einen Entwicklungsschritt bedeuten kann – einen persönlichen und einen partnerschaftlichen. Vorausgesetzt, es sind auch die »emotionalen Augen« geöffnet, wie es Schnarch nennt. Sex mit offenen Augen hat das Potenzial, spirituell zu werden, also zu verändern.

>> *Er lächelte ihr zu, hielt ihren unruhigen Blick mit seinen Augen fest und gefangen, und während sie sich, nicht ohne Widerstand, dem Bann ergab, näherte er langsam sein Gesicht dem ihren, bis die Lippen sich berührten. Leise streifte er ihren Mund, der gab ihm mit einem kleinen Kinderkuß Antwort und öffnete sich wie in schmerzlichem Erstaunen, als er ihn nicht wieder losließ. Sanft werbend folgte er ihrem zurückfliehenden Munde, bis er zögernd wieder entgegenkam, und lehrte die Bezauberte ohne Gewalt das Nehmen und Geben eines Kußes, bis sie erschöpft ihr Gesicht auf seine Schulter drückte.*
(AUS: HERMANN HESSE, NARZISS UND GOLDMUND)

» *Mit seltsamem Gehorsam legte sie sich auf die Decke nieder. Und dann spürte sie, wie die sanfte, streichelnde, hilflos sehnsüchtige Hand ihren Körper berührte, nach ihrem Gesicht tastete. Weich streichelte die Hand ihr Gesicht, weich und unendlich lindernd und vertrauenserweckend, und dann spürte sie die sanfte Berührung eines Kusses auf ihrer Wange.*
(AUS: D. H. LAWRENCE, LADY CHATTERLEY)

Schreibanregungen

Berührungen können als angenehm empfunden werden und seelisches Wohlbefinden auslösen oder aber unangenehm erlebt werden. Welche Berührungen sind für Sie angenehm, welche unangenehm? An welchen Stellen Ihres Körpers fühlen sich Küsse besonders gut an? Wo vermittelt Ihnen ein Kuss besondere Zärtlichkeit, an welcher Körperstelle prickelt es, wenn Sie geküsst werden, wo wirkt es beruhigend? Wissen Sie, welche Empfindungen Ihre Küsse bei Ihrem Partner auslösen? Welche – vielleicht ganz beiläufig erfolgte – Berührung hat Sie am meisten berührt und warum?

Welche Küsse gefallen Ihnen, welche kennen Sie? Je nach Erregungsphase können diese unterschiedliche Qualitäten haben. Schreiben Sie über Küsse! Über erste Küsse, über zärtliche Küsse, über geile Küsse, über verbotene Küsse, über heimliche Küsse, über verspielte Küsse ... Dann suchen Sie sich einen Kuss heraus und schreiben über das spezielle Ereignis, das mit ihm verbunden war.

Schreiben Sie nun genauer über Berührungen. Machen Sie eine Liste von Berührungen, die Ihnen gefallen, das können kratzende, klopfende, streichelnde, knuddelnde sein, feste, leichte, mit den Fingern ausgeführte oder mit den Lippen, mit Federn, mit Tüchern oder aber begleitet von »Substanzen« wie Öl, Champagner, Honig, Schlagobers – ach, es gibt so viele Arten, zu berühren und berührt zu werden! Denken Sie dabei an Ihre persönlichen Erfahrungen, lassen Sie aber ebenso Ihre Fantasie zu Wort kommen. Geben Sie Ihren Aufzeichnungen anschließend eine Überschrift. Vielleicht »Wie ich es liebe, berührt zu werden« oder »Mein Berührungs-ABC« oder völlig anders. Wenn Sie möchten, können Sie diesen Text ja Ihrem Partner schenken, vielleicht mit einem duftenden Öl dazu.

Verführen im richtigen Moment

Erwarten Sie in diesem Kapitel bitte keine Tipps, wie Sie Ihren Partner am besten »rumkriegen«. Mir geht es an dieser Stelle um etwas anderes: um genaues Hinsehen.

Die »Verführung« gibt es nicht nur im sexuellen Bereich, sondern in allen möglichen Lebensbereichen. »Verführung« meint, jemanden anderen für etwas Bestimmtes zu gewinnen; manchmal auch mit negativem Beigeschmack, jemanden zu verlocken oder gar zu manipulieren. Wenn wir diesen negativen Beigeschmack ignorieren und uns auf die schöne Verführung konzentrieren, wird sie sogar als Kunst gesehen. Die Kunst, andere für mein Projekt einzunehmen. So ein Projekt kann eine größere Reise sein, ein Abendessen in einem

Restaurant, eine gemeinsame Joggingrunde, etwas also, das Sie wollen, oder von dem Sie sich überlegen, sich darauf einzulassen, etwas, worüber Sie sich vielleicht nicht sicher sind, dem sie womöglich mit gemischten Gefühlen gegenüberstehen. Das alles kann auch Sex sein. Nicht immer lassen wir uns im vollen Bewusstsein über das Ergebnis auf etwas oder jemanden ein. Wir verführen und werden verführt.

Wozu auch immer wir jemanden verführen wollen, irgendwann kommt der Punkt, wo es Kenntnis darüber braucht, was ich konkret will und was der andere will, wie es mir geht und wie es dem anderen geht. Es ist ja möglich, dass mein Partner gerade intensiv mit etwas beschäftigt ist oder gedanklich an etwas arbeitet, vielleicht eher gefühlsmäßig in diesem Moment meine Unterstützung braucht als etwa ein »sexuelles Angebot«. Genau darin aber liege, wie die Sexualtherapeutin Rescio meint, die Kunst der Verführung: zu beobachten und wahrzunehmen, was ist. Das genaue Hinsehen und Hinspüren erlaubt, unsere Versuche gezielter und effektiver zu gestalten und erspart uns damit Frustration und Enttäuschung. Denn, stellen Sie sich vor, Ihr Partner ließe sich grundsätzlich sehr gerne von Ihnen verführen, aber exakt in dem Moment, in dem Sie es versuchen, ist er in Gedanken noch mit seiner Arbeit beschäftigt. In einer halben Stunde sähe schon alles anders aus. Aber Sie haben Ihr Glück *jetzt* versucht und sind nun enttäuscht, fühlen sich zurückgewiesen. Gerade in unserer Sexualität sind wir sehr verletzlich. Womöglich wirkt dieses Erlebnis den ganzen Tag nach und wird Sie zusätzlich in nächster Zeit davon abhalten, einen neuen Versuch zu starten. Schade! Und doch handelt es sich im Grunde um ein harmloses Ereignis, das einfach zur falschen Zeit eingetreten ist.

Zum Verführen braucht es Mut. Denn selbst wenn wir genau beobachten, sehen wir nicht mit einem Röntgenblick in andere hinein. Wer zu verführen versucht, kann daher auch einen »Korb« bekommen. In einer guten Partnerschaft mag der »Korb« vielleicht sanft ausfallen, und wenn Sie selbstbewusst und es gewohnt sind, sich dem Partner zu zeigen, wie Sie sind, haben Sie damit vermutlich keine großen Probleme. Trotzdem: ein Korb ist ein Korb. Erregt zu sein, ohne auf entsprechende Erregung zu treffen, kann frustrierend sein. Es ist wichtig, damit umgehen zu können. Speziell in Hinsicht darauf, dass eine Beziehung nicht dazu ist, die eigenen Bedürfnisse zu erfüllen. Es ist auch wichtig, sich dennoch nicht entmutigen zu lassen. Es ist immerhin schöner, seine Wünsche zu zeigen und zu versuchen, sie erfüllt zu bekommen, selbst wenn dies nicht immer gelingt, als sie gar nicht erst auszudrücken. Um es platt zu sagen: No risk, no fun.

Wenn von Verführung die Rede ist, muss auch von »Anti-Verführung« die Rede sein. Nicht selten in langjährigen Beziehungen verhalten wir uns nämlich so, dass wir genau das Gegenteil von dem erreichen, was wir eigentlich wollen. Die Sexualtherapeutin Sitari-Rescio zählt dazu einige Beispiele auf: wenn sich ein Partner ungepflegt und unattraktiv zeigt, aber erwartet, dass der andere ihn attraktiv findet, wenn er »wirklich« liebt; oder dass wir dem Partner ein schlechtes Gewissen machen »Du hättest merken sollen, dass …«; auch dass wir oft resignieren und schweigen, weil wir denken »Er wird schon merken, was ich vermisse«, oder dass wir zickig, kalt und unnahbar sind und trotzdem erwarten, dass er unsere Nähe sucht. Außerdem, dass wir den Partner bevormunden, ihn kleinmachen oder unsere Bedürftigkeit darin ausdrücken, uns krank und depressiv zu zeigen etc. Ich nehme einmal an, dass wohl jede und jeder sich in diesem Sinne schon einmal unattraktiv gezeigt hat. Wir sind schließlich nicht perfekt. Auch wenn es wehtut, so schonungslos mit sich selbst umzugehen, so lohnend ist es, in diesen Punkten ehrlich mit sich selbst zu sein.

Falls Sie dies gerade denken: Ja, ich bin mir dessen bewusst, dass ich hier auch auf Klischees zurückgreife, andererseits sind gerade diese Klischees in vielen Partnerschaften nach wie vor Realität. Bei vielen Paaren ist es gängig, dass der Mann die Verantwortung für das Vorspiel übernimmt und die Frau darauf wartet, verführt zu werden. Verwöhnt und verführt zu werden, ist in der Tat etwas Schönes und ein berechtigter Wunsch. Aber: Auch der männliche Partner hat vermutlich ähnliche Wünsche ...

» *Glühend trafen unsere Lippen zusammen, einen Augenblick schmiegte ihr ganzer Leib, bis hinab zu den Knien, sich verlangend und hingegeben an mich an, dann entzog sie mir ihren Mund und tanzte zurückhaltend und fliehend.*
(AUS: HERMANN HESSE: STEPPENWOLF)

Schreibanregung
Wenn Sie an Verführung denken – welche spontanen Assoziationen verbinden Sie mit diesem Wort?

Denken Sie an einen gescheiterten Verführungsversuch Ihrerseits oder vonseiten Ihres Partners, der emotionale Konsequenzen nach sich zog. Aus heutiger Distanz betrachtet: Was waren die Ursachen? War die Reaktion gerechtfertigt? Schreiben Sie nun über diese Erfahrung, aber schreiben Sie sie um. Wie hätte Sie verlaufen können, wenn Sie damals schon das heutige Wissen gehabt hätten?

Die Kunst der Verführung besteht nicht nur aus jenen Aspekten, die ich beschrieben habe, sondern aus konkreten Handlungen. Machen Sie sich doch einmal Gedanken darüber, was alles zu Ihrem persönlichen Verführungsrepertoire gehört. Vielleicht möchten Sie die Summe all dessen in einer prickelnden Erzählung niederschreiben, die die ultimative Verführung zum Inhalt hat.

Die Kunst der Verführung könnte man, wenn man die Definition nicht so genau nimmt, auch als Balzverhalten sehen. Bei Tieren ist die Balz als werbendes Vorspiel zu sehen und dient dazu, (meist) das Weibchen zu motivieren, sich begatten zu lassen. Tiere haben sehr kreative Strategien entwickelt. Haubentaucher etwa überzeugen mit formvollendeten Tänzen, Laubenvögel bauen kunstvoll an einer mit Schätzen dekorierten Laube – der Bau kann bis zu einem Jahr Zeit in Anspruch nehmen, Schimpansen bringen ihren Weibchen waghalsig erworbene Geschenke mit. Auch bei uns Menschen dient die Kunst der Verführung dazu, zu sexuellen Handlungen anzuregen. Sehen Sie diese Übung mit etwas Humor. Wie sieht Ihr Balzverhalten aus und wie jenes Ihres Partners? Vielleicht möchten Sie ja die Beschreibung etwas ausschmücken und überzeichnen und einen unterhaltsamen Text daraus machen.

Die Vereinigung – zwischen Routine und Starkstromsex
Nun sind wir beim Kern aller sexuellen Handlungen angelangt: beim »letzten Akt«. Bei der Vereinigung zweier Part-

ner, beim Geschlechtsverkehr, beim »Sex«, wie die meisten dazu sagen und damit »nur« den Geschlechtsverkehr meinen.

Es geht auch in diesem Kapitel nicht um methodische Tipps und Tricks für die beste Stellung. Nicht die perfekte Technik und eine bestimmte körperliche Verrenkung sind der Knackpunkt für guten Sex, sondern vielmehr all das, worüber Sie sich im Laufe des Buches schon Gedanken gemacht haben. Sex ist in so vielen Varianten möglich – und dazu gibt es genügend seriöse Bücher, die allesamt persönliche Vorlieben widerspiegeln. Dazu möchte ich nichts sagen, nur so viel: dass es immer gut und erlaubt ist, all das zu probieren, was Ihnen und Ihrem Partner Lust bereitet. Eines ist mir wichtig: Nehmen Sie das Tempo raus! Darüber herrscht unter Sexualtherapeutinnen weitgehend Einigkeit: dass Sex häufig viel zu schnell praktiziert wird. Es geht aber nicht darum, möglichst schnell möglichst geil zu werden, sondern ein intensives Erlebnis zu genießen. Und um einen anderen Vergleich zu bringen: Wie schmeckt ein Essen besser? Wenn es hastig hinuntergeschlungen wird oder wenn jeder Bissen mit maximaler Aufmerksamkeit genossen wird? Wenn Sie es nicht ohnehin schon versucht haben und längst davon überzeugt sind: Versuchen Sie doch einmal, Sex gaaanz laaangsam zu machen. Die Intensität ist nicht vergleichbar!

Wie bereits mehrfach erwähnt, schreiben viele Sexualtherapeuten von einem naturgegebenen sexuellen Potenzial. Je besser wir dieses erschließen, desto erregender und erfüllender werden wir Sex erleben. (In den im Literaturverzeichnis angegebenen Quellen können Sie im Detail nachlesen, wie zum Beispiel der Sexualtherapeut David Schnarch verschiedene Gedanken ausgeführt hat. Ich finde seine Gedanken für vieles, das ich hier weiterentwickelt habe, inspirierend.) Wenn Paare bis an die Grenzen ihres Potenzials gehen, ist »Starkstromsex« möglich. Wir alle sind in der Lage, intensive sexuelle Erfahrungen zu erleben, für die keine physiologischen Schwellen bekannt sind, weit über dem Routineniveau, das für einen Orgasmus notwendig ist. Solche Erfahrungen müssen sich nicht einmal unbedingt nur im Körperlichen niederschlagen, sondern reichen ins Spirituelle hinein. Wenn ich Ihnen nun spezielle Empfehlungen von David Schnarch nahelege, soll es keineswegs darum gehen, sich all diese als Ziele vorzunehmen oder sich gar vorzuwerfen, Fehler gemacht zu haben, weil Sie noch nicht auf diese Ebene gelangt sind. Nein. Dieses sexuelle Potenzial auszuschöpfen, ist ein langer, intensiver und sehr persönlicher Reifeprozess. Freuen Sie sich eher, wenn Sie unerschlossene Aspekte bei sich entdecken, denn so finden Sie mehr Optionen und Spielräume für die Entfaltung Ihres Liebeslebens!

Versuchen Sie also, den Spielradius Ihrer Sexualität zu erweitern:

- Entwickeln Sie die Fähigkeit, ganz bei der Sache und im »Hier und Jetzt« zu sein, und stärken und vertiefen Sie die Verbundenheit mit Ihrem Partner, indem Sie mit Ihrer ganzen Aufmerksamkeit und Ihren Gefühlen bei ihm sind.

- Erweitern Sie Ihr Repertoire an sexuellen »Spielarten« und Stilen, in denen Sie zu Ihrem Partner in Kontakt treten können, vielleicht möchten Sie ihm einmal die Augen verbinden und ihn mit Öl massieren oder aber Sie laden ihn zu einem gemeinsamen Bad ein.

- Fördern Sie eine positive Spannung, die durch den Reiz des Neuen entsteht und die Lust steigert; sorgen Sie dafür, dass Sie so wenig wie möglich abgelenkt werden. Konkret könnten Sie zum Beispiel versuchen, einmal die Augen offen zu lassen.

- Versuchen Sie, Anspannung und Angst abzubauen. Und stärken Sie auch Ihre Fähigkeit, selbst innerlich zur Ruhe zu kommen und sich selbst aufzufangen. Genau das machen Sie ja eigentlich mit diesem Buch, indem

Sie ein klareres Gespür für Ihre Persönlichkeit entwickeln, sich Ihre Bedürfnisse, Ängste und Grenzen ansehen, eine neue Intimität zu Ihrem Partner aufbauen usw.

- Steigern Sie die erotische Energie zwischen sich und Ihrem Partner, indem Sie zum Beispiel über Wünsche reden, sinnliche Momente in den Alltag integrieren, das Küssen wieder für sich entdecken.
- Arbeiten Sie Spannungen und Konflikte auf, die Ihre Beziehung belasten. Ungelöste Spannungen beschweren jede Beziehung. Den Mut zu haben, auch Unbequemes anzugehen, kann herrlich erleichternd sein und setzt neue Energien frei. Oder sich bewusst wieder auf das Schöne am Partner auszurichten, auch das wird die Stimmung in der Beziehung »leichter« machen und vermutlich die Erotik verändern.

Wenn Sie diese Empfehlungen umsetzen, wie Sie es zum Teil durch diese Übungen bereits machen, Schritt für Schritt, wird sich auch die Dynamik in der Beziehung verändern, ebenfalls Schritt für Schritt. Die Sexualität ist dabei nur *ein* Teil. Vielleicht fällt Ihnen die Veränderung nicht sofort auf, aber Sie werden sie merken. Da bin ich mir ziemlich sicher.

Weil ich oben von sexuellen »Spielarten« gesprochen habe, folgende Stile unterscheidet Schnarch, und zwar nach der Art des inneren Erlebens:

- *die sexuelle Trance:* Die Konzentration liegt dabei in erster Linie auf den eigenen Körperempfindungen. Guter Sex ähnelt hier einem veränderten Bewusstseinszustand, eben ähnlich einer Trance. So kann es sein, dass wir dabei jegliche Ablenkungen von außen nicht mehr wahrnehmen, etwa das Klingeln eines Telefons.
- *Partnerbezogenheit:* Die emotionale innere Verfassung ist ausschlaggebend für diese Art der körperlichen Vereinigung. Bei gutem Sex verschmelzen Sie mit Ihrem

Partner und haben das Gefühl, den Wesenskern des anderen zu kennen und von ihm erkannt zu werden.
- *Rollenspiel:* Sex wird zur Bühne, das kann sehr erregend sein! Funktionieren Sie das Schlafzimmer oder die Küche zu Inszenierungsräumen um. Menschen, die Rollenspiele lieben, teilen sich gerne ihre Fantasien mit. Guter Sex kommt einem »Stargefühl« gleich. Die Partner verschmelzen mit ihren Rollen. Vielleicht klingt »Rollenspiel« etwas ungewohnt oder gar nach Sado-Maso-Praktiken. Gemeint ist hier aber, auch spielerische Formen zuzulassen. Etwa, indem Sie tatsächlich »spielen«, Ihren Partner zum Beispiel neu kennenzulernen, vielleicht in einer anderen Rolle. Wie wäre es, sich heute Abend in einem Restaurant als Geschäftspartner zum ersten Mal zu begegnen? Schon dieses Aufeinandertreffen kann höchst prickelnd verlaufen ...

Für »Starkstromsex« ist es nicht notwendig, möglichst viele Techniken und Stellungen zu beherrschen. Diese »Technikverliebtheit« übersieht, worum es beim Sex geht: um den Zusammenklang von Kopf, Herz und Seele mit den Genitalien.

Die kleine Essenz des Lebens: der Orgasmus

Ein Orgasmus ist ein Orgasmus ist ein Orgasmus. Für die allermeisten Menschen ist der Orgasmus das Ziel beim Sex. Obwohl – dazu möchte ich vor allem zweierlei anmerken:,
- Frauen haben weniger oft einen Orgasmus als Männer. Je nach Studie variieren hier die Zahlen: von 30 Prozent bis 65 Prozent der Frauen haben einen Orgasmus beim Geschlechtsverkehr, die Zahlen bei den Männern reichen bis zu 95 Prozent. Viele Frauen fühlen sich enttäuscht und »schuldig«, wenn sie keinen Orgasmus haben. Obwohl sie im Vergleich mit dem Durchschnitt

»normal« sind. Diese Schuldgefühle machen vielen gehörig Druck, der zu Anspannung führt. Und dass Anspannung beim Sex nicht gerade die beste Voraussetzung ist, um zu genießen oder einen Orgasmus zu bekommen, das wissen wir.

• Sex ist in jeder Form ein sinnliches und lustvolles Erlebnis mit dem Partner, auch ohne Orgasmus.

In der Literatur wird von zwei Arten gesprochen, wie eine Frau zum Orgasmus kommen kann: klitoral und vaginal. Ein Großteil der Frauen »kommt« demnach vor allem klitoral. Nur eine Minderheit erlebt einen vaginalen Orgasmus. Um diese Form des weiblichen Höhepunktes ranken sich viele Mythen, für die bitte jede Frau selbst entscheiden soll, ob sie wahr sind oder nicht. Ebenso viele Mythen bedienen wohl genauso sehr die männliche Potenz. Die Klitoris als zentrales Lustzentrum der Frau ist außerhalb der Scheide platziert, deshalb wird sie beim »normalen« Geschlechtsverkehr naturgemäß weniger stimuliert, was die niedrige Orgasmusquote bei vielen Frauen erklärt. Zahlreiche Bücher erklären diese Zusammenhänge genauer. So viel sei an dieser Stelle gesagt: Wenn Sie beim Vorspiel leicht einen Orgasmus bekommen, dann bekommen Sie ihn – ohne schlechtes Gewissen oder falsche Rücksichtnahme! Sie dürfen davon ausgehen, dass es Ihrem Partner hundertmal lieber ist, dass Sie überhaupt einen Orgasmus haben, als Sie warten auf das »romantisch« verklärte gemeinsame »Kommen« und haben dann womöglich keinen. Wenn Sie dagegen keinen Orgasmus haben, sich generell dabei schwertun, den Orgasmus aber vermissen, haben Sie zwei Möglichkeiten: entweder Sie sagen Ihrem Partner, wie Sie am besten zum Orgasmus kommen können oder/und Sie trainieren Ihre Orgasmusfähigkeit. Wie? Etwa durch Selbstbefriedigung, indem Sie mit Übungen Ihre Nervenzellen und Ihre Rezeptoren auf andere Stimuli trainieren oder durch Stärkung Ihres Beckenbo-

dens. Dazu finden Sie viele Übungen und »Trainingsgeräte«
im Internet.

Vor allem Frauen empfinden das sexuelle Beisammensein mit Ihrem Partner als wunderbare lustvolle gemeinsame
Erfahrung von Nähe und Intimität – mit der *Möglichkeit*,
einen Orgasmus zu haben, ohne sich diesbezüglich Druck zu
machen. In östlichen Lehren nehmen übrigens solche Sex-
praktiken großen Raum ein, in denen es darum geht, intensiven Sex ohne Orgasmus zu erleben, und zwar sowohl der
Mann als auch die Frau. Dabei steht oft die sexuelle Energie
als zentraler Teil der Lebensenergie Chi im Mittelpunkt. Ein
interessantes Thema, wie ich finde. Und jedenfalls wert, sich
damit zu beschäftigen.

Und was ist mit dem »Danach«?

Stellen Sie sich vor, Sie liegen oder sitzen oder stehen mit
Ihrem Partner noch umschlungen, die Erregung klingt ab,
innerlich sind Sie noch aufgewühlt ... Was wünschen Sie sich
in genau diesem Moment? Vielleicht einen Kuss?

»Ein Kuss *danach muss sein*.« Das hat mir vor Jahren eine Freundin gesagt. Ich weiß nicht, warum ich das bis
heute nicht vergessen habe. Sie meinte, so viel Zeit, so viel
Zuneigung, so viel Anerkennung, so viel Dank muss ein –
nehmen Sie sich diese Zeit. Zum »Danach« gibt es eine
Menge Klischees: Der Mann ist erschöpft, die Frau wie auf-
gedreht, sie will kuscheln, er will schlafen oder essen. Dieses
»Danach« lässt sich wohl nicht verallgemeinern. Selbst eine
einzige Person, Sie zum Beispiel, wird nicht jedes Mal nach
einer sexuellen Vereinigung die gleichen Bedürfnisse haben.
Vielleicht möchten Sie gleich noch einmal, vielleicht müssen Sie schleunigst in die Arbeit, vielleicht wollen Sie tatsächlich ein bisschen reden, vielleicht wäre Ihnen ein guter
Drink am liebsten, vielleicht ist Ihnen danach, eine riesige

Portion Vanilleeis gemeinsam im Bett zu vernaschen, vielleicht aber würden Sie am liebsten herrlich entspannt einschlafen ... Und vielleicht mag Ihr Partner etwas Ähnliches oder eben etwas anderes. Befindet sich ein Paar noch in der Kennenlern-Phase kann freilich auch dieses »Danach« sehr heikel sein; zu schnell wird ein Verhalten falsch interpretiert. »Wollte sie nur mit mir ins Bett, weil sie gleich aufspringt?«, »Warum sagt er denn nichts?«. Bei Paaren, die schon länger zusammen sind, ist das »Danach« häufig nicht mehr so beladen mit Druck. Fest steht: So wie es ein Vorspiel gibt, gibt es auch ein Nachspiel. Emotional und körperlich tritt ein Paar in eine andere Phase. Dies dem anderen mit einem kleinen Signal der Zuneigung zu signalisieren, und sei es eben bloß mit diesem einen Kuss danach, ist wohl tatsächlich ein schöner Abschluss. Auch hier gilt: Wenn Sie sich zurückgewiesen, überfordert oder sonst wie unwohl fühlen, sprechen Sie es an! Sonst kann das eben gemeinsam Erlebte einen fahlen Nachgeschmack bekommen, statt dass es mit einem Sahnehäubchen verfeinert wird.

Schreibanregungen

Sie haben in diesem Buch viel über Sex, über Sexualität, über fiktive und realistische, über fantasierte und über konkret gemachte Sex-Erfahrungen geschrieben. Denken Sie nun erneut bewusst an die Vereinigung mit Ihrem Partner. Was lieben Sie daran besonders, was weniger? Welche Gründe könnte es geben, dass es ist, wie es ist? Was ist Ihre absolute Lieblingsstellung? Schreiben Sie abschließend die Essenz in ein Haiku, das die Überschrift trägt: »Sex mit dir« (Haiku siehe Kapitel »Intuitive und kreative Schreibtechniken«, Seite 201), oder aber ein freies Gedicht mit dieser Überschrift.

Stichwort Orgasmus: Wie ist Ihre persönliche Meinung dazu? Wie wichtig ist Ihnen ein Orgasmus? Sind Sie diesbezüglich mit Ihrer gelebten Sexualität zufrieden oder möchten Sie etwas ändern? Was könnte ein erster Schritt sein? Was ein zweiter?

Haben sie schon einmal einen Orgasmus mit offenen Augen erlebt? Wie war dieses Gefühl, können Sie es näher beschreiben?

Wo in Ihrem Körper und wie empfinden Sie einen Orgasmus? Wie möchte Ihr Körper auf dieses Gefühl reagieren? Möchte sich das Becken aufwölben, will er sich ganz lang strecken oder wird er in diesem Moment eher steif und angespannt? Notieren Sie völlig formlos alle Ihre Gedanken, die Ihnen zu diesem Thema in den Sinn kommen. Erforschen Sie Ihr Empfinden weiter: Wie fühlt sich ein Orgasmus für Sie an? Welche Bilder kommen Ihnen in den Sinn? Kommt er einmal wie ein heftiges Erdbeben, ein anderes Mal leise und langsam wie eine Prise Sommerwind oder wieder ein anderes Mal vielleicht wie bei einem starken elektrischen Stoß und hin und wieder so, als würden Sie in einer Achterbahn ins Bodenlose stürzen? Versuchen Sie Ihre persönlichen Bilder zum Orgasmus zu finden. Vielleicht möchten Sie abschließend noch ein paar poetische Gedanken niederschreiben.

Was wünschen Sie sich »danach«? Wovon hängen Ihre Wünsche diesbezüglich ab, was kann sie variieren? Vielleicht schreiben Sie ein kurzes Listengedicht?

Danach, da möchte ich …

Die spirituelle Dimension

Die jahrtausendealte östliche Tradition sagt, dass die Entfaltung unseres sexuellen Potenzials ein Pfad zu Transzendenz und spiritueller Erleuchtung ist. Für diese Entwicklung braucht es weder einen jugendlichen Traumkörper noch akrobatische Talente, meint der Sexualtherapeut Schnarch, sondern eben den Zusammenklang von Kopf, Herz und Seele mit seinen Genitalien. Also: die innere Haltung zur Sexualität, eine emotionale Verbundenheit mit dem Partner, ein Kultivieren der erotischen Spannung in der Beziehung.

Das Thema Sex und Spiritualität scheidet die Geister. Sogar viele Sexualtherapeutinnen wagen es nicht, sich zu diesem Thema zu äußern, um nicht in ein schiefes Licht zu geraten. Eine Gruppe lehnt vehement ab, dass es so etwas wie spirituelle Erfahrung beim Sex jemals geben kann, und spricht lautstark von »Blödsinn«, die andere ist so fest davon überzeugt, dass sie Sex nur noch als etwas Heiliges sieht und in jeder sexuellen Begegnung auf die Erleuchtung wartet. Mag sein, dass ich übertreibe. Irgendwo zwischen diesen beiden Ansichten liegt vermutlich für jeden Einzelnen die Wahrheit. Abhängig auch davon, wie Spiritualität definiert wird.

Ich bin fest davon überzeugt, dass Sex in spirituelle Dimensionen hineinreichen kann und in der Lage ist, Transformationsprozesse auszulösen. Dass etwas passiert, wenn wir uns jemandem in Liebe ganz »nackt« zeigen und in Liebe so nackt gesehen werden. Etwa, wie weiter oben beschrieben, wenn wir »Sex auf Ebene III« praktizieren. Wenn also beim Liebesakt alles sein darf, was auftaucht: unsere Ängste ebenso wie alte Verletzungen; wenn uns die Liebe unseres Partners so tief berührt, dass sich etwas in uns verändert – im Moment der körperlichen Vereinigung. Etwa dass eine jahrzehntelange Verletzung geheilt wird. Das ist eine so tiefe Erfahrung, die Sie nie mehr vergessen werden!

Vielleicht haben Sie schon einmal von der Lehre des Tantra gehört? Tantra ist eine Strömung innerhalb der indischen Philosophie und bekannt in einer Vielzahl unterschiedlicher Arten. In unseren Breiten kennen wir Tantra vermutlich als einen spirituellen Weg zur Selbsterkenntnis, der die Kraft der sexuellen Energie nutzt. Sich in der sexuellen Vereinigung zu lieben, kann wie ein Gebet gelebt und als heilig betrachtet werden.

Generell ist eines der wichtigsten Ziele spiritueller Praxis die Erweiterung der eigenen Fähigkeiten zur achtsamen Präsenz. An dieser Stelle setzt die tantrische Lehre an. Es sind vor allem die sinnlichen Erfahrungen durch Berührungen, die unsere Aufmerksamkeit ins Jetzt lenken. In Verbindung mit sexueller Erregung und speziellen Atemtechniken können solche Berührungen zu tiefen Einsichten über uns selbst und über das Leben führen. Insofern lässt sich Sexualität auch als »Werkzeug« für umfassende Veränderungsprozesse einsetzen. Schön, wenn dies mit einer dermaßen lustvollen Beschäftigung möglich ist. Dennoch kann auch über dieses »Werkzeug« der Weg ein steiniger werden. Auch hier können wir mit alten Verletzungen und unseren Ängsten konfrontiert werden. Immerhin aber gehen wir diesen Weg nicht alleine, wir gehen ihn mit unserem Partner.

Die Verbreitung des Tantra in der westlichen Welt ist hauptsächlich dem spirituellen Lehrer Osho zu verdanken. Er hat die traditionellen Lehren mit modernen körper-therapeutischen Ansätzen verknüpft, die auf Wilhelm Reich zurückgehen.

Schreibanregungen

Denken Sie in Ruhe darüber nach, vielleicht bei einem langsamen, meditativen Spaziergang, was Spiritualität für Sie bedeutet. Oder Sie nehmen sich ein Blatt Papier und einen Stift zur Hand und lassen Ihre Hand sich für mindestens zehn Minuten über das Papier bewegen. Malen Sie meditativ, während Sie zu dieser Frage einige Bilder oder Wortfetzen aus Ihrem Unterbewusstsein aufsteigen lassen. Schreiben Sie anschließend einen poetischen Text oder ein Gedicht über Ihre Auffassung von Spiritualität.

Versuchen Sie auch, sich zu erinnern, ob Sie schon einmal etwas Ähnliches empfunden haben, wie es manchmal beschrieben wird, etwa dass sich die Grenzen des eigenen Ichs aufzulösen scheinen und man spürt, wie man Teil von etwas Größerem ist. Wie war dieses Gefühl? In welcher Situation ist es aufgetreten? Welche äußeren Bedingungen herrschten vor, um dies zu ermöglichen? Haben Sie ein solches Gefühl in Zusammenhang mit der Liebe bereits empfunden? Notieren Sie Ihre Gedanken und Erinnerungen dazu!

Nach einer langen Reise – wo sind Sie angelangt?

Sie haben nun eine lange Reise hinter sich. Ich freue mich sehr für Sie und möchte Ihnen aus ganzem Herzen zu diesem Weg gratulieren! Klopfen Sie sich bitte selbst auf die Schulter! Das, was Sie in den letzten Tagen und Wochen geleistet haben, machen nur sehr wenige Menschen! Vielleicht war der Prozess, der nun hinter Ihnen liegt, nicht immer nur interessant und aufregend, sondern manchmal auch schmerzhaft. Gerade die schmerzhaften Erfahrungen sind es allerdings oft, die uns den größten Entwicklungsschub und tiefe Einsichten bringen. Und ich möchte fast wetten, dass Sie nun, nach all dieser intensiven Auseinandersetzung mit sich selbst, dastehen, lächelnd, selbstbewusst, ihre persönliche »Würze« kennend und würdigend. Gewachsen, in vielerlei Hinsicht. Hätten Sie alle diese Übungen in einem Seminar absolviert, so würde ich Ihnen jetzt eine Urkunde in die Hand drücken, in der ich Ihnen zur Erlangung des Grades »Meisterin Ihrer Sexualität« gratulieren würde. Nun zelebrieren Sie sich selbst! Gönnen Sie sich einen feinen Abend, an dem Sie sich selbst feiern! Ich meine das ernst. Sie haben etwas Wunderbares vollbracht! Seien Sie stolz auf sich!

»Meisterin Ihrer Sexualität« heißt aber trotzdem noch nicht, nun immer und bei jedem einzelnen Mal die erfüllende Sexualität zu leben, nach der Sie sich sehnen und weshalb

Sie vielleicht zu diesem Buch gegriffen haben. Bewusstsein oder Selbsterkenntnis ist bekanntlich der erste Schritt – ein sehr großer Schritt. Womöglich der größte Schritt in dem gesamten Prozess – ein anderes Bewusstsein macht einen anderen Menschen. Mit diesem Bewusstsein werden nun neue Erfahrungen gemacht, manche Erkenntnisse ausprobiert. Lustvoll, selbstbewusst und mutig. Die Praxis ist freilich nicht immer wie die Theorie. Auch das wissen Sie vermutlich längst. Aber wir Menschen sind eben keine Maschinen, die nach Gebrauchsanweisung funktionieren. Und das ist ja gerade die wunderbare, wenn auch nicht immer einfache Seite am Mensch-Sein – dass unser Leben spannend und neu bleibt, dass es nicht vorhersehbar ist und dass sich keine einzige Situation exakt wiederholen lässt. Lassen Sie sich darauf ein und nehmen Sie es dem Leben nicht so übel, wenn es auch einmal anders als erwartet ist, sondern genießen Sie die vielen Seiten, die sich bieten – auch und gerade in der Sexualität!

Abschließend gebe ich Ihnen ein paar Schreibanregungen, die zum einen eine Rückschau darstellen, zum anderen einige finale Gedanken anregen sollen.

Denken Sie an die vielen Übungen zurück, an das Schreiben über sich, an die Arbeit an Ihnen. Was fällt Ihnen zuallererst dazu ein? Welchen Themen waren besonders herausfordernd, welche Übungen haben Ihnen am meisten Spaß gemacht, bei welchen Aufgaben sind Sie vielleicht zunächst einmal angestanden? Haben Sie in dieser Zeit gespürt, dass Ihre Sexualität eine wichtige Energiequelle darstellt? Sind Sie in jener Zeit achtsamer mit sich und mit anderen umgegangen? Hat sich in Ihrer Beziehung etwas verändert? Haben Sie öfter über Sexualität gesprochen? Verspüren Sie nun mehr Lebendigkeit? Lassen Sie einfach die letzten Tage und Wochen Revue passieren und notieren Sie sich Ihre Gedanken dazu.

Sehen sie sich Ihre ersten geschriebenen Texte an. Den automatisch geschriebenen zum Beispiel, das Cluster und auch jenen zu »Ich als Frau«. Wenn Sie diese Texte durchlesen, fallen Ihnen da Unterschiede zu heute auf? Hat sich etwas verändert? Überfliegen Sie noch einmal die »Lustkiller« und die »Mythen« – wie denken Sie jetzt darüber? Oft verändert man sich selbst in so kleinen Schritten, dass man diese Änderungen nicht wahrnimmt. Erst wenn lange Zeiträume verstreichen, bemerkt man selbst Unterschiede. Wenn Sie aber so einen direkten Vergleich haben, die eigenen Gedanken zu einem Thema davor und danach beurteilen können, kann es sein, dass sich Veränderungen deutlicher abzeichnen. Versuchen Sie das doch!

Schreibanregungen

Schreiben Sie Ihr persönliches »ABC der Sexualität«. In meinen autobiografischen Schreibkursen stelle ich verschiedene Gestaltungsformen von Autobiografien vor und beziehe mich dabei auf ausgewählte literarische Beispiele. Eines davon ist das Werk »Mein ABC« des polnischen Schriftstellers Czeslaw Milosz, der darin die magischen Wörter seines Lebens zusammengestellt hat. Zuerst hat er sich auf die Suche nach für ihn wichtigen Begriffen gemacht, orientiert am Alphabet, danach hat er zu jedem Wort jeweils eine kurze Erzählung hinzugefügt oder eine Erklärung oder ein persönliches Statement dazu, was er mit diesem Begriff verbindet. Auf diese Weise können sehr persönliche, auch atmosphärisch dichte Werke entstehen.

Und nun verfassen Sie Ihr persönliches »ABC der Sexualität«. Geben Sie sich viel Zeit dafür,

Sie müssen es nicht an einem Tag fertigstellen. Vielleicht wollen Sie jeden Tag einen neuen Begriff hinzufügen? So etwas darf und kann in aller Ruhe wachsen. Überlegen Sie sich die zentralen Ausdrücke der Sexualität, welche Begriffe sind mit einem wichtigen Wert verbunden, welche mit einem besonderen Erlebnis oder mit einer sehr speziellen Person? Sie können nur die ausgewählten Worte notieren oder aber Sie schreiben dazu jeweils kurze Texte. Ganz wie Sie möchten. Es ist eine schöne Übung. Und Sie schafft Bewusstsein und Klarheit – welche Wörter nehmen Sie sich von Ihrer Reise vor allem mit? Viel Spaß bei diesem Schreibprojekt!

Eine wunderschöne und auch äußerst heilsame Übung ist es, ein Märchen über Ihre sexuelle Entwicklung zu schreiben. Entweder, indem Sie Ihre Sex-Biografie zu Hilfe nehmen, oder indem Sie an die letzte Zeit denken, in der Sie mit diesem Buch gearbeitet haben, an Ihre Erfahrungen, Ihre Erkenntnisse, Ihre Schwierigkeiten oder Freuden dabei.

Märchen sind nicht nur wundersame Geschichten, sondern haben therapeutische Wirkung. Mit Märchen lassen sich Probleme intuitiv, unbewusst und bildlich erfassen und Lösungen finden. Da Märchen immer auch über menschliche Entwicklungsprozesse erzählen, eignen sie sich gut, ein konkretes Thema im Zeitverlauf darzustellen. Wie eben die eigene Sexualität. Stellen Sie sich vielleicht vorab einige Fragen:

Welche Märchenfigur wäre ich gerne, welche passt für dieses Thema am besten zu mir? An welchem Ort soll das Märchen spielen? Welche Herausforderung hatte ich in der Sexualität zu meistern? Welche Stationen habe ich durchlaufen? Wie hat die »Lösung« ausgesehen, was hat mir dabei geholfen, was hat mich »genährt«?

Und dann lassen Sie sich einfach davontragen in eine zauberhafte Märchenwelt.

Märchen – Bilder Ihres Lebens

An welches Märchen erinnern Sie sich? Vielleicht an den Froschkönig oder an Hänsel und Gretel oder Schneewittchen? Märchen sind besondere Geschichten. Sie gehen aus einer langen Erzähltradition hervor und sprechen in Bildern zu uns. Sie haben das allzu Persönliche verloren und behandeln Themen, die alle Menschen interessieren. Üblicherweise geht es in Märchen um menschliche Entwicklungsprozesse. Märchen können stets vielfältig interpretiert werden. Den Froschkönig etwa kann man als Liebesgeschichte lesen, in der zwei Menschen eine Wandlung erleben und erst dadurch zu einer reifen Form der Beziehung finden. Oder als Initiation der Psyche einer jungen Frau, wie es etwa Carl Gustav Jung sieht.

Durch ihre Symbolik haben Märchen eine Nähe zum Traum und zu unbewussten Prozessen. In Symbolen verdichten sich Erfahrungen, psychische Inhalte, auch Emotionen, die anders schwer darzustellen sind. Symbole bieten uns verschiedene Deutungsmöglichkeiten an. Der goldene Ball beim Froschkönig kann als bewusstes Selbst gesehen werden, das die Prinzessin im Brunnen verloren hat, oder als ihre Kindheit, die sie vielleicht noch nicht loslassen möchte.

Die eigenen Lieblingsmärchen können viel über uns aussagen, über Sehnsüchte, Wünsche, über Haltungen, über Probleme, die andere stellvertretend für uns lösen, über Menschen, die wir gerne wären. Zum Beispiel, wenn uns Aschenputtel besonders gut gefällt, sehen wir uns vielleicht als eine Person, die vom Umfeld nicht genug geschätzt wird. Und das ist bitte keine tiefenpsychologische Märcheninterpretation, sondern nur eine persönliche spontane Assoziation dazu!

Im Märchen geht es oft wundersam zu. Es sind Wendungen möglich, die wir nicht für möglich halten. Oft sind Nebenfiguren Persönlichkeitsaspekte der Hauptfigur. Trifft sich ein Mann zum Beispiel mit einer Hexe, so begegnet er seinen eigenen hexenhaften Anteilen. Vielleicht wohnt ihm eine besondere Weisheit inne oder er hat magische Fähigkeiten oder ist auf eine bestimmte Art ein »Lehrender«.

Ein Märchen ist eine eigene literarische Gattung und hat daher gewisse »formale« Kriterien. Ich zähle Ihnen typische Merkmale auf, einfach zur Orientierung beim Schreiben. Diese Kriterien sollen Sie aber nicht einschränken – spielen Sie mit ihnen.

- Märchen erzählen von wundersamen Begebenheiten.
- Typisch sind fantastische Erscheinungen und übernatürliche Kräfte.
- Märchenfiguren sind entweder gut oder böse. Und ein Märchenheld hat stets einen Gegenspieler.
- Es gibt einen Konflikt oder eine Aufgabe zu lösen. Dabei helfen dem Helden z. B. Mut, Tierliebe, Klugheit.
- Zur Lösung tragen Helfer bei, z. B. Tiere, die Sonne usw.
- Oft spielen zauberkräftige Hilfsmittel eine Rolle, wie ein Haarbüschel oder ein Ring.
- Wichtig sind magische Zahlen (3, 7, 9) und magische Orte (ein Brunnen, verwunschener Wald, Meeresgrund).
- Am Ende siegt das Gute, das Böse erhält seine gerechte Strafe.
- Märchen sind nicht an einen speziellen Ort oder an eine bestimmte Zeit gebunden; sie sind allgemein gültig.

Schreiben Sie Ihr Liebes-Manifest!

Eine schöne Aufgabe ist es, ein Manifest zu schreiben. Ein Manifest ist eine öffentliche Erklärung von Zielen und Absichten, es bündelt Wichtiges in einer einzigen Schrift. In der Kunst ist ein Manifest das Festlegen von ästhetischen Programmen, die zehn Gebote oder die 95 Thesen von Martin Luther sind ebenfalls Manifeste.

Wenn Sie möchten, fassen Sie die Essenz dessen in einer kurzen Schrift zusammen, das Ihnen in Bezug auf eine erfüllende Sexualität wichtig und notwendig erscheint. Finden Sie zum Beispiel zehn wichtige Bedingungen, dafür, was Sexualität für Sie ausmacht. Und diese schreiben Sie so präzise wie möglich nieder und bewahren sie an einem Ort auf, an dem Sie sie jederzeit nachlesen können. Vielleicht wollen Sie daraus auch eine »sprechende« Collage machen und veredeln Ihr Manifest mit passenden Fotos aus Zeitschriften. Alles, was Ihnen in gestalterischer Hinsicht dazu einfällt, ist richtig!

Ein Manifest muss nicht ein Leben lang gültig bleiben – wir Menschen verändern uns und mit uns auch das, was uns wichtig erscheint. Die eigene Sexualität ist schließlich ein lebenslanger Prozess und mit diesem Prozess können Veränderungen einhergehen. Aber für den aktuellen Moment, für das Hier und Jetzt, hat Ihr Manifest Gültigkeit. Und ein Blick darauf kann Sie jederzeit wieder daran erinnern, worauf Sie Wert legen und wo Sie vielleicht gerade abweichen.

Vielleicht beginnt mit diesem Manifest nun eine weitere Reise. Eine Reise, auf der Sie Ihre Sexualität anders sehen und womöglich neu leben. Für diese Reise wünsche ich Ihnen viele berührende »Stationen«.

Anhang

Schreiben Sie weiter! Einfach, weil es Spaß macht

Nach dem Ende noch ein Anfang ... So kann es beim Sex sein, aber auch beim Schreiben. Es ist durchaus denkbar, dass Sie jetzt so richtig auf den Geschmack gekommen sind und nur noch schreiben wollen. Schreiben um des Schreibens willen. Ganz ohne reifen und wachsen zu wollen. Einfach, weil Ihnen Schreiben guttut. Wie schön! Gerne verführe ich Sie noch ein wenig zum Schreiben.

Ich stelle Ihnen einige Anregungen zusammen, die freilich mit dem Thema Sexualität in Zusammenhang stehen – jetzt sind Sie ja in bester Übung – die aber frei und durchaus auf eine witzige Art zu bearbeiten sind.

Schreibanregungen

Erinnern Sie sich noch an Dr. Sommer, den Sexualberater der Zeitschrift BRAVO? Erinnern Sie sich an die teils erheiternden Fragen, die als »Sexprobleme« eingereicht wurden? Nun, jetzt sind Sie die Expertin und geben Auskunft: humorvoll und kompetent.

»Hallo. Ich bin 25 Jahre alt und hatte noch nie einen Orgasmus mit einem Mann. Stimmt etwas nicht mit mir?«

»Guten Tag. Mein Mann hat seit einem Jahr keine Lust auf Sex. Wir leben zusammen wie Geschwister. So habe ich mir das nicht vorgestellt, aber ich weiß aber nicht, wie ich daran etwas ändern kann.«

»Hallo. In meinem Kopf gibt es die wildesten Sexfantasien, im Bett aber bin ich schüchtern und wage kaum, etwas Neues zu probieren. Ich empfinde mich als langweilig.«

»Guten Tag. Meine Freundin kommt jede Woche mit einem anderen Sexspielzeug nach Hause. Dabei bin ich der Meinung, dass wir diese Unterstützung gar nicht brauchen. Wie kann ich ihr das sanft beibringen?«

»Guten Tag. Man hört ja viel von ›Dirty Talk‹. Ich aber bin beim Sex stumm wie ein Fisch. Ich stöhne auch kaum. Muss man denn unbedingt Laute von sich geben? Ehrlich gesagt, komme ich mir dabei zu obszön vor.«

»Hallo. Beim Sex gehen mir ständig lästige Fragen durch den Kopf: ›Mache ich es richtig?‹ ›Gefällt es ihm?‹ ›Was ist, wenn ich nicht komme?‹ Ich kann mich gar nicht richtig auf meine Gefühle konzentrieren, weil ich so unsicher bin.«

Welche Antworten geben Sie?

Ich habe noch weitere Anregungen für Sie:

Nehmen Sie die Beschreibung eines Liebeaktes und schreiben Sie ihn so um, dass er auch als Kampf gelesen werden kann.

Schreiben Sie ein schwulstig-erotisches Gedicht und übersetzen Sie es in Jugendjargon.

In Schleswig-Holstein gibt es einen Ort namens Munkbrarup – und ein Ortsteil darin heißt »Geil«. Erzählen Sie eine Geschichte, die sich in »Geil« abspielt.

Der Orgasmus eines Schweines dauert 30 Minuten. Welche Fantasien haben Sie dazu?

Leguane haben zwei Penisse. Fällt Ihnen dazu etwas ein?

In der japanischen Stadt Kawasaki gibt es jedes Jahr ein Penisfest. Was wird da wohl los sein?

Wussten Sie das? Eine »unzumutbare Belästigung der Nachbarn« sind laut einem Gerichtsurteil lautes Stöhnen beim Sex und dabei ausgestoßene »Jippie-Rufe« nach 22.00 Uhr. Was muss sich da wohl abgespielt haben?

Ein bisschen Statistik gefällig? 17% der Frauen und 10% der Männer würden den Sex unterbrechen, um ans Telefon zu gehen. Schreiben Sie doch dazu eine witzige Szene.

34,2% der Deutschen haben ein Sexspielzeug am Nachttisch liegen. Welches könnte bei Ihnen liegen? Schreiben Sie eine kleine Geschichte dazu.

In diesem Moment haben gerade 65.000 Paare weltweit Sex. Lassen Sie Ihrer Fantasie freien Lauf ...

Frauen, die Liebes- und Sexromane lesen, haben doppelt so häufig Sex. Und Frauen, die Sexszenen schreiben ...?

Wollen Sie noch ein Märchen schreiben? Denken Sie an das Märchen im Kapitel »Frauen haben seltener Lust als Männer«, Seite 43, mit der kopflosen Göttin und Demeter. Überlegen Sie sich nun ein modernes Märchen, bei dem herzlich über Sex gelacht werden darf.

Es gibt so viele Sexwitze. Die meisten sind schlecht. Fallen Ihnen bessere ein?

Dank

Stellen Sie sich vor, Sie haben drei Kinder in einem »empfindlichen« Alter. Und dann liegen plötzlich überall Sexbücher herum. So war das bei uns zu Hause, als ich einschlägige Fachlektüre zum Thema zu lesen begonnen habe. Zunächst haben sie mit großen Augen und verstohlen auf die Bücher geblickt, mich mit einem unsicheren Blick gemustert. Mit der Zeit wurden Sexbücher auf der Couch und am Esstisch zur gewohnten Dekoration und meine Kinder ignorierten sie weiterhin geflissentlich. Auch meine Kommentare und Gesprächsversuche zu verschiedenen Themen. Es gab ja auch für mich eine Menge Aha-Erlebnisse und Erkenntnisse, die ich ihnen nicht vorenthalten wollte. Überhaupt fällt es mir sehr schwer, meinen Mund zu halten, wenn ich etwas als wichtig empfinde. Und ich empfand eine Menge als wichtig. Ich habe all dieses neue Wissen immer und immer wieder wie nebenbei beim Mittag- oder Abendessen eingestreut. Da, wo sie nicht auskonnten. Scheinbar desinteressiert, schweigend und auf den Teller blickend folgte sie meinen Ausführungen. Und ich glaube, doch nicht so desinteressiert. Schließlich wurde das Thema Sexualität wohlwollend und augenzwinkernd zur Kenntnis genommen. Sogar Scherze wurden gemacht. Und für diese liebevolle Bereitschaft, mit pikanten Informationen umzugehen, bin ich meinen Kindern unendlich dankbar. Ich sehe das als enorme Reife, aber auch als wertschätzende Geste mir gegenüber. Danke, meine drei! Ich liebe euch.

Sehr herzlich bedanken möchte ich mich bei einem sehr guten und langjährigen Freund von mir, Stefan Bartel. Er hat mir nicht nur die Anregung zu diesem Buch gegeben, er hat in seiner Funktion als Coach auch alle Schreibanregungen überprüft, ob sie Ihnen, liebe Leserinnen, zumutbar sind.

Schließlich danke ich, nicht minder herzlich, Anna Wolfesberger, Sexualtherapeutin und -pädagogin, Supervisorin, die mich mit schier unendlich vielen Informationen zu diesem Thema versorgt hat, mir geduldig alles erklärt und auch mein Buch auf fachliche Richtigkeit gegengelesen hat.

Ihnen, liebe Leserinnen und Leser, danke ich für Ihr Vertrauen und Ihre Bereitschaft, dieses doch sehr persönliche Thema mit mir anzugehen. Ich wünsche Ihnen alles Gute!

Intuitive und kreative Schreibtechniken

Akrostichon: Das Wort setzt sich aus zwei griechischen Silben zusammen: Akron = Spitze, Stichos = Vers. Ein Akrostichon wurde früher oft verwendet, um Botschaften in Texten zu verstecken. Ein Akrostichon ist eine lyrische Kleinform. Man sucht sich einen Begriff aus, zu dem man schreiben möchte. Zum Beispiel »Liebe«. Dieses Wort schreibt man Buchstabe für Buchstabe untereinander. Bei »Liebe« stünden nun fünf Buchstaben untereinander. Diese sind die jeweiligen Anfangsbuchstaben für weitere Begriffe, die zu finden sind und mit dem Urbegriff in einem Zusammenhang stehen. Man kann das Akrostichon insofern erweitern, dass man den Anfangsbuchstaben für eine Gedichtzeile verwendet – und nicht nur für ein Wort. Ein Akrostichon ist zu vergleichen mit einer gelenkten Assoziation, da ja jeweils ein Buchstabe vorgegeben ist. Durch diese Methode kommt man gut auf Begriffe, die einem sonst vermutlich nicht zu diesem Thema eingefallen wären, nun aber Sinn ergeben.

Automatisches Schreiben: Bekannt gemacht hat die Methode Julia Cameron mit ihrem Bestseller »Der Weg des Künstlers«. »Morgenseiten« nennt sie in ihrem Buch diese Technik des Sich-frei-Schreibens unter »Einbeziehung« des Unbewussten. Erste Vorläufe finden sich bereits in Schillers »Lob des freien Einfalls« und in Ludwig Börnes Programm. Als die einzig wahre Schreibmethode allerdings propagierten die Surrealisten das »Automatische Schreiben«. Sie haben sich von Freuds Psychoanalyse und Traumdeutung inspirieren lassen und betonten den Einfluss des Unbewussten und Irrationalen auf die Literatur. Die Original-Anleitung stammt vom französischen Surrealisten André Breton und lautet folgendermaßen: »Versetzen Sie sich in den passivsten oder den rezeptivsten Zustand, dessen Sie fähig sind ... Schreiben Sie schnell, ohne vorgefasstes Thema, um nichts zu behalten oder um nicht versucht zu sein, zu überlegen. Der erste Satz wird von ganz alleine kommen, denn es stimmt wirklich, dass in jedem Augenblick unseres Unterbewusstseins ein unbekannter Satz existiert, der nur darauf wartet, ausgesprochen zu werden.«

Beim automatischen Schreiben muss es kein vorgegebenes Thema geben, man kann aber zu einem schreiben. Meist schreibt man einfach das nieder, was gerade in einem vorhanden ist. Es fehlt der rote Faden, das Schreiben ist völlig zusammenhanglos, holt aber Unbewusstes hervor. Es geht darum, ununterbrochen zu schreiben, ohne den Stift abzusetzen, circa 20 Minuten lang. Es darf auch ganz Banales geschrieben werden, wie »Mir fällt gerade nichts ein, ich muss dann eine Waschmaschine einschalten, wieso knurrt jetzt mein Magen ...« Hauptsache, der Stift ruht nicht. Der Fokus darf auch auf der Außenwelt liegen, wobei ein Schweifen zwischen Innen- und Außenwelt häufig ist. Das automatische Schreiben ist reinigend und entlastend und zählt heute als psychische Intervention zu den therapeutischen Schreibtechniken. Das Schriftbild, die Rechtschreibung, Grammatik und der Satzbau sind völlig nebensächlich und können getrost vernachlässigt werden.

Cluster: Diese Methode wurde von der Schreibdidaktikerin Gabriele Rico entwickelt und zählt zu den assoziativen Techniken mit tiefenpsychologischem Hintergrund, die häufig auch in therapeutischen Settings angewendet wird. Dabei gibt es ein Kernwort, das man einkreist und in die Mitte eines Blattes Papier schreibt. Konzentrieren Sie sich in aller Ruhe auf das Kernwort und schreiben Sie alle Wörter auf, die Ihnen spontan dazu einfallen, vielleicht in thematisch zusammengehörenden Assoziationsketten. Manche der neuen Wörter lösen Assoziationen aus, die Ihnen vermutlich rein vom Kernwort aus kommend nie eingefallen werden. So entsteht ein Gesamtkomplex an Wörtern, das nur im entferntesten Sinne mit dem Kernwort und somit dem Kernthema in Zusammenhang steht. Nach einer Weile des Notierens kann in Ihnen das Gefühl entstehen, nun einen Satz oder auch einen kurzen Text schreiben zu wollen/können. Warten Sie noch einige Momente, notieren Sie weitere Assoziationen, bis Ihnen wirklich nichts mehr einfällt. Blicken Sie nun auf Ihr Cluster und lassen Sie sich von einem Element zum Schreiben anregen.

Gedicht: Über Lyrik zu schreiben, ist schwer. Lyrik ist eine eigene Gattung, wie Prosa und Drama. Sie können sich vorstellen, wie viel Material, theoretisch und praktisch, es dazu gibt. Daher nur so viel und auch nur in unserem Sinne: Moderne Lyrik muss sich nicht reimen, muss auch keinem festen Formschema folgen. Der kleinste gemeinsame Nenner von Lyrik, und selbst dieser wird nicht immer zutreffen, ist vermutlich jener, dass Lyrik sich poetischer Bilder bedient und sehr subjektiv gefärbt ist. Bilder, die symbolhaft für etwas stehen und als »Konzentrat« so viel ausdrücken, wie vielleicht seitenweise Texte es nicht können. Also zum Beispiel drücken Formulierungen wie »Der Tee ist bitter geworden über Nacht« für einen Streit zwischen Partnern oder »Er nährt mich wie Honig« für die Liebe eines Menschen zu Ihnen, etwas aus, das seitenweise Erklärungen bildhaft zusammenfasst. Aber lachen Sie nicht, ich bin keine Lyrikerin! Lyrik durchbricht die Alltagssprache, oft auch die Alltagsgrammatik, hat einen eigenen Rhythmus und unterscheidet sich auch optisch von anderen Texten. Lassen Sie sich bei Lyrik von inneren Bildern, Träumen und Gedanken davontragen und schreiben Sie nieder, was Sie fühlen. Vielleicht bemühen Sie sich, wegzudenken von Klischees und abgedroschenen Bildern, wie »Sonne im Herzen« oder dem berühmten »Stein im Magen«. Klischees überlesen wir üblicherweise, sie bewegen nichts mehr in uns, sie sind austauschbar geworden. Sie können sich auch an Bilder herantasten, die einzigartig sind und Ihr persönliches Gefühl dazu gut ausdrücken können. Zum Beispiel, indem Sie zehn Dinge aus der Natur aufschreiben, die blau sind, und so vielleicht einen Vergleich dafür finden, der die geliebten und tiefgründigen Augen Ihrer Jugendliebe beschreibt.

Haiku: Die Haiku-Dichtung hat eine lange Tradition. Der Lehrmeister des kreativen Schreibens, Lutz von Werder, schreibt, dass seit rund 1000 Jahren in Japan das Schreiben von Haikus gepflegt wird und spricht gar von einer Massenbewegung des meditativen Schreibens. Ein Haiku ist ein Kurzgedicht, vermutlich die kürzeste Gedichtform, die es gibt, und hat einen klaren Aufbau. Es besteht aus drei Zeilen, die sich nicht reimen müssen. Die erste Zeile darf fünf Silben umfassen, die zweite sieben, die dritte wieder fünf. Zur Veranschaulichung zitiere ich hier ein viel besprochenes Beispiel des bekanntesten japanischen Haiku-Dichters Matsuo Basho:
Der alte Weiher: Ein Frosch springt hinein– Oh! Das Geräusch des Wassers.
Die ursprüngliche Aufgabe eines Haikus war es, ein flüchtiges Erlebnis so zu gestalten, dass etwas vom Geheimnis des Banalen deutlich und ein neues Sehen der Naturdinge ermöglicht wird. Haikus sind als Naturgedichte mit philosophischem Anspruch zu sehen. Bei vielen Haiku-Dichtern fiel Leben und meditatives Schreiben zusammen. Noch

heute gibt es rege Haiku-Gemeinschaften, die sich den weiteren Regeln der Haiku-Dichtung streng unterwerfen. Etwa Haikus zur Selbsterfahrung nutzen oder das Schweigen der Natur spüren oder jedes Haiku mit einem Jahreszeitenwort versehen und das Subjektive aus dem Gedicht herausnehmen. So streng verwende ich die Haikus in meinen Kursen und auch bei den Schreibanregungen in diesem Buch nicht. Denn selbst wenn der naturphilosophische Aspekt etwas in den Hintergrund rückt, selbst dann, wenn eine Zeile einmal ein oder zwei Silben mehr aufweist, hält das Haiku immer noch eine sehr anspruchsvolle Aufgabe inne. Nämlich die Essenz von etwas zur Sprache bringen. Mit vielen Worten lassen sich leichter bedeutende Erlebnisse oder Erkenntnisse ausdrücken als mit wenigen. Nachdem die Form bei einem Haiku ja vorgegeben ist, bleibt also die Konzentration auf den Inhalt und die Sprache. Es gilt, genau jene Worte zu finden, die das, was man empfindet und sagen möchte, bestmöglich zum Ausdruck bringen. Wenn das Haiku dann auch noch Freiraum lässt und zum Nachdenken anregt, darf man schon sehr stolz sein.

Propriozeptives Schreiben: Ich habe diese Schreibmethode über eine Freundin kennengelernt und mir dann das amerikanische Originalbuch besorgt, »Writing the mind alive«. Mit propriozeptivem Schreiben drücken wir unsere Gedanken im Schreiben so aus, dass wir über sie nachdenken können. In 25-Minuten-Sitzungen, bei Barock-Musik.

Es geht darum, Gefühl und Intuition durch Sprache zu integrieren. Das Wesentliche an dieser Methode ist, dass man versucht, seine eigenen Gedanken zu *hören*. Es geht also mehr um die Fähigkeit des Zuhörens als um jene des Schreibens. Es ist, als ob man einer fremden Person zuhören würde, es sind aber die eigenen Gedanken. Man schreibt also die eigenen Gedanken so nieder, wie man sie hört; versucht, die Zwischentöne und jeweiligen Betonungen ebenfalls in Worte zu fassen. Das muss man erst lernen: seine eigenen Gedanken zu *hören*. Man schreibt diese nieder, hinterfragt das eine oder andere, deckt Bedeutungen, Gefühle, Erfahrungen zu einem bestimmten Wort auf, schreibt weiter, fragt wiederum, kommt sich selbst dabei immer näher.

Ziel dabei ist: Freiheit von der Anbindung an Gedanken zu bekommen (wie in der Meditation; nur mit dem Unterschied: beim Meditieren will man die Gedanken vorbeiziehen lassen, hier will man sich mit ihnen beschäftigen). Das gesprochene Wort, das mehr Informationen liefert als das geschriebene, wird bei dieser Methode mittels Buchstaben aufbewahrt.

Unter Propriozeption versteht man allgemein die Wahrnehmung über sich selbst, über die Lage seines Körpers etc. Im übertragenen Sinn meint Propriozeption ein Bewusstsein seiner selbst.

Die Original-Anleitung lautet folgendermaßen (in Du-Form):

Start: Motivation und Wunsch für dieses Schreibsetting niederschreiben

Die Zutaten: Ruhiger Schreibplatz und Ungestörtheit, Barock-Musik*, Kerzenlicht (beruhigt den Geist, fokussiert Aufmerksamkeit), unliniertes Papier, 20–25 Minuten Zeit

Barockmusik hat beruhigende Wirkung, ähnliche Beats wie Herzschläge, unterstützt das Gehirn, in den Alpha-Rhythmus zu kommen, der Kreativität und Lernen unterstützt. Barockmusik wurde oft aus genau jenem Grund komponiert, um die Tür zu Gott und dem Kosmos zu öffnen.

Ideal: Largo-Stücke, z. B. von Vivaldi, Bach

Ablauf: Zuerst einige Momente Ruhe, Atemübungen. Wie fühle ich mich? Was ist in meinen Gedanken?

● Schreiben Sie, was Sie hören. (Hören Sie auf Ihre innere *Stimme*. Kümmern Sie sich nicht um Rechtschreibung, Grammatik etc., Beeinflussen Sie nicht aktiv Ihre Gedanken. Beginnen Sie einfach dort, wo Sie im Moment sind)

- Hören Sie, was Sie schreiben (mehr als die Schreibkompetenz wird bei dieser Methode die Zuhör-Kompetenz gefördert). Das, was propriozeptives Schreiben ausmacht, ist die aktive Beziehung zwischen Denken und Hören.
- Fragen Sie die propriozeptive Frage, wie ein Mantra: Was meine ich mit ...? Wann immer ein Wort, das Sie schreiben, etwas Besonderes in Ihnen auslöst, ein Gefühl, eine Unsicherheit, ... dann stellen Sie diese Frage: *Was* meine ich mit ...? Schreiben Sie diese Frage und dann schreiben Sie die Antwort, die Sie hören. Diese Frage ist der Kern der Methode. Mit dieser Frage dringen Sie in den psychologischen oder emotionalen Sinn vor, den dieses Wort für Sie hat.
- Nach circa 25 Minuten beenden Sie Ihr Schreiben. Bevor Sie allerdings die Kerze auslöschen, stellen Sie sich folgende vier Abschlussfragen und nehmen Sie sich noch Zeit für die Antworten:
- Welche Gedanken habe ich gehört, aber nicht aufgeschrieben? (Warum?)
- Wie oder was fühle ich im Moment?
- Welche größere »Geschichte« (Hintergrund) steckt in dem heutigen Thema?
- Welche Ideen kommen mir für zukünftige Schreibsitzungen?

Lesen Sie sich das Geschriebene laut vor. Dann nummerieren Sie Ihre Seiten, schreiben das Datum dazu und legen sie in einem eigenen Ordner ab.

Serielles Schreiben (auch: Listengedicht):
Beim seriellen Schreiben beginnt jede Zeile mit den gleichen Worten, zum Beispiel:
Ich erinnere mich, dass ...
Ich erinnere mich, dass ...

Ich erinnere mich, dass …
Frausein heißt für mich …
Frausein heißt für mich …
Frausein heißt für mich …

Bei dieser Methode wird Ihre Aufmerksamkeit auf ein bestimmtes Thema fokussiert und immer tiefer auf die bestimmte Fragestellung gelenkt. Je länger Sie diese Übung durchführen, desto mehr Bilder tauchen aus Ihrem Unterbewusstsein auf und desto mehr Antworten werden Ihnen einfallen. Zu Beginn stehen üblicherweise jene Aussagen, die Ihnen immer und überall zu diesem Thema sofort einfallen. Je weiter Sie fortschreiten, desto tiefer dringen Sie in die Materie ein und werden vermutlich überrascht sein, was alles aus Ihnen herauskommt. Ursprünglich stammt die Methode aus der Hypnose, wo immer und immer wieder die gleichen Suggestionen gesprochen werden, um in einen hypnotischen Zustand zu gelangen. Das serielle Schreiben eignet sich auch gut, um Erinnerungen aus längst vergangenen Tagen aufzufrischen.

Quellen- und Literaturverzeichnis

Canpalat Esra et al (Hsg.): Literatur und Sexualität, Beiträge zum Studierendenkongress Komparatistik 2014, Ch. A. Bachmann Verlag, 2015

Girgensohn Katrin/Jakob, Romana: 66 Schreibnächte, Anstiftung zur literarischen Geselligkeit, Ein Praxisbuch zum kreativen Schreiben, Schneider Verlag Hohengehren, Baltmannsweiler, 2010

Greiner, Ulrich: Schamverlust, Vom Wandel der Gefühlskultur, rowohlt e-book, 2001

Haase-Hindenberg, Gerhard: Sex im Kopf, Die erotischen Phantasien der Deutschen, Rowohlt Verlag GmbH, 2014

Heimes, Silke: Kreatives und therapeutisches Schreiben, Ein Arbeitsbuch, Vandenhoeck & Ruprecht, 2013, 2008

Heimes, Silke: Schreiben als Selbstcoaching, Vandenhoeck & Ruprecht, 2014

Heimes, Silke: Warum Schreiben wirkt, Die Wirksamkeitsnachweise der Poesietherapie, Vandenhoeck & Ruprecht, 2012

Heimes, Silke: Warum Schreiben hilft, Die Wirksamkeitsnachweise zur Poesietherapie, Vandenhoeck & Ruprecht, Göttingen, 2012

Kast, Verena: Märchen als Therapie, Deutscher Taschenbuch Verlag GmbH & Co KG, München, 1986

Meixner, Alexandra: Ätsch, Erster! Sex ist ernst genug, um darüber zu lachen, Galila Verlag, 2013

Paget, Lou: Die perfekte Liebhaberin, Sextechniken, die *ihn* verrückt machen, Wilhelm Goldmann Verlag München, 2000

Reeves, Judy: Wild Women, Wild Voices, Writing from Your Authentic Wildness, New World Library, 2015

Rescio, Susanna-Sitari: Sex & Achtsamkeit, Sexualität, die das ganze Leben berührt, J. Kamphausen Mediengruppe GmbH, 2014

Scheidt, Jürgen von: Kreatives Schreiben – HyperWriting, Texte als Wege zu sich selbst und zu anderen, alliteraverlag, 2006

Schnarch, David: Die Psychologie sexueller Leidenschaft, Klett-Cotta, 2006/2016

Seidler, Günther: Wann ist die Scham vorbei, EMMA 1/19, www.emma.de/artikel/wann-ist-die-scham-vorbei-335185

Trichter Metcalf, Linda, Simon, Tobin: Writing the Mind alive, The Proprioceptive Method for Finding Your Authentic Voice, The Random House Publishing Group, 2002

Wagner, Beatrice: Kein guter Sex ohne Unlust, Aus dem Alltag einer Sexualtherapeutin, Goldmann, 2015

Waldmann Günter: Autobiografisches als literarisches Schreiben, Schneider Verlag Hohengehren, 2000

Werder, Lutz von: Lehrbuch des Kreativen Schreibens, marixverlag, 2007

Ausbildungsunterlagen Sexocorporel

Neon unnützes Quizzen: Lust & Liebe, ars edition, Kartenset

14. 7. 2017: http://schreibenwirkt.de/expressives-schreiben/

16. 7. 2017: http://www.sexmedpedia.com/sexuelle-rechte/

6. 8. 2017: https://www.loveismore.de/fileadmin/loveismore-de2013/pdf/Diplomarbeit-Programmbausteine.pdf

8. 8. 2017: http://www.liebesexundtherapie.at/sites/default/files/pdf-downloads-7/DISS%20-%20Mensch%20als%20sexuelle%20Wesen%20-Goldnagl.pdf

22. 8. 2017: http://www.spektrum.de/lexikon/psychologie/sexualitaet/14152

26. 8. 2017: https://www.partnerschaft-beziehung.de/sexblockaden.html

31. 8. 2017: https://de.wikipedia.org/wiki/Hingabe

31. 8. 2017: https://www.welt.de/debatte/kommentare/article106380754/Wie-wir-verlernt-haben-das-Leben-zu-geniessen.html

2. 9. 2017: http://www.geo.de/magazine/geo-kompakt/6156-rtkl-liebe-und-sex-die-erfindung-der-scham

Literarische und persönliche Text-Beispiele aus folgenden Werken

(mit freundlicher Genehmigung der Autoren und Verlage)

Hesse Hermann: Narziß und Goldmund, Suhrkamp Taschenbuch Verlag, Frankfurt am Main, 2012

Hesse Hermann: Der Steppenwolf, Suhrkamp Taschenbuch Verlag, Frankfurt am Main, 1974

Duras Marguerite: Der Liebhaber, Suhrkamp Verlag, Frankfurt am Main, 2013

Lawrence, D. H.: Lady Chatterley, Rowohlt Taschenbuch Verlag GmbH, Reinbek bei Hamburg, 1988

Lauster, Peter: Die Liebe, Psychologie eines Phänomens, Rowohlt Taschenbuch Verlag GmbH, Reinbek bei Hamburg, 1982

Roche, Charlotte: Schoßgebete, Piper Verlag GmbH, München, 2011

Sautner, Thomas: Das Mädchen an der Grenze, Picus Verlag Ges.m.b.H., 2017

Schütz, Esther Elisabeth, Kimmich, Theo: Körper und Sexualität, Entdecken, verstehen, sinnlich vermitteln, Atlantis/pro juventute, 2006

Winterson, Jeanette: Auf den Körper geschrieben, Fischer Taschenbuch Verlag GmbH, Frankfurt am Main, 1995